나도
행복할 수
있을까?

추천의 글

피러한(한억만)과 나는 10년 전으로 거슬러 올라간다. 그의 초대로 강릉에서 공연을 가지면서 생소한 〈피러한 주간메일〉을 처음 알게 되었다. 매주 받아보는 그의 글은 시대의 고민들을 푸는 인생의 잠언 같았기에 먼저 미국에 있는 아들에게 보내달라고 부탁했고, 아울러 가족과 지인들에게도 추천해 주었다.

첫 번째 그의 책 〈호수와 세상 사이에서〉는 마치 경포호수를 돌면서 누구와 얘기하듯이 사랑과 사람 그리고 삶이 녹아있었다.

피러한이 5년 만에 드디어 두 번째 책을 출판했다. 먼저 내게 보내준 책을 들고 벤치로 나가 내 마음은 봄 소풍 온 아이처럼 설레는 마음으로 첫 장을 펼쳤는데, 마치 인생을 한 눈에 보는 듯 했다. 모든 이들이 갈구하듯이 행복한 인생이 무엇인지 피러한 식의 3단 논법으로 간결하고 분명하게 풀어놓고 있었다. 글이란 사상과 여유의 공간이지만 그의 글엔 누구나 겪게 되는 일상 속에 일어나는 주제들을 자신의 색으로 스케치해 세상과 나누고 싶어 하는 마음이 담겨져 있다. 그것은 문학적 표현을 넘어서 이성이 아닌 감성으로 따뜻하고 깊은 물음으로 감싸고 있다.

칼 야스퍼스는 '인간 존재는 인간 되어 감'이라 했던가. 말하지 않지만 우리 모두는 오늘도 참된 인간이 되길 원하지만 언제나 흔들리는 실존에 대해 피러한의 글은 스스로를 돌아보게 하고 행복한 인생을 위해서 나는 지금 무엇을 해야 할 것인가에 대해 길을 열어주고 있다.

피러한이 여러 해 동안 그려온 또 다른 나이테를 두 번째 책을 통해 만나게 된 것이 너무 기쁘다. 내가 감동을 받듯이 많은 사람들이 이 감동을 함께 나누었으면 좋겠다. 책 속에 인생의 답이 있다고 하는 것은, 책은 시대의 관심사와 유행 그리고 이후에 주목해야 할 분야에 대해 미리 알려 주기 때문이다. 그의 글을 통해 내 자녀들, 나의 교회, 내 나라, 내 사명이 다시금 지혜롭고 건강하게 세워지는 기회가 될 줄 믿으며, 이 책을 적극 추천한다.

2018년 6월

가수 윤 형 주(세시봉)

여는 글

대관령을 넘으면 강릉은 투명한 하늘과 에메랄드빛 바다로 둘러싸인 태고의 섬처럼 시원스럽게 한 눈에 들어온다. 강릉은 지리적 이유로 전쟁의 화를 입질 않아 옛 모습을 많이 간직하면서 독자적인 문화권을 형성해 왔다. 예로부터 '예향'이라 불릴 만큼 예술이 발달한 도시이기도 하다. 세월이 흘러 이제 강릉은 커피와 역사적 문화 공간으로 유명하며, 가장 조용한 도시로 뽑힐 정도로 매력도가 높은 곳이다. 아마도 그것은 천혜의 자연 속에 건강한 강릉맛과 함께 2018년 동계올림픽을 치루며 각종 기반시설이 만들어지면서 휴양과 휴식이 가능하기 때문이 아닐까 싶다.

나는 이런 강릉이 좋다. 이 곳에 둥지를 뜬지 어느 덧 23년이 지나면서 많은 일들이 있었다. 학교 강의, 책 출판, 신장암 수술, 큰딸 결혼, 노회장, 필리핀 가족교회 건축, 하누리 교회 개척, 청마루 문화센터 개원 등 외적인 여러 환경들은 내 성격뿐만 아니라 인생관까지 달라지게 했다.

찰스 스윈돌은 "삶의 객관적 사실은 10%밖에 차지하지 않지만, 그 일에 대한 반응은 90%이다"라고 했다. 이제 보니 인생은 삶에 대한 태도일 뿐이었다. 나는 다양한 현실에 대한 반응 중 하나로 글쓰기를 시작했다. 이전부터 차(茶) 문화가 발달했던 강릉이 깔끔한 물맛과 함께 커피가 발달했듯이, 녹록치 않았던 내 삶의 객관적 사실 10%가 나를 별스럽게 연단시켰지만, 누구도 빼앗을 수 없는 90%의 나다운 반응을 만들게 했다.

가만히 있으면 견디지 못하는 꼼꼼한 성격은 나를 더 글쟁이로 만들기에 충분했다. 멤버들과 메신저 도구로 시작 되었던 〈피러한의 주간메일〉은 이제 5천명의 독자들이 생기면서 이웃과 세상 그리고 인생에 대한 편견을 깨뜨렸고 또 다른 자아를 발견하게 했다. 마치 남부에서 온 셜리가 북부에서 온 해리를 만났을 때 설렘처럼 나는 글을 통해 더 적극적으로 세상과 소통할 수 있었다. 덕분에 '현대시선'과 '광나루 문인회'라는 두 문단에 등단하기도 했다. 강의용 도서 10여권과 공저 2권의 출판 경험이 있었지만, 독자적인 첫 번째 출판을 난 잊을 수가 없다. 〈호수와 세상사이〉에서 나는 커피 맛과 유사한 인생을 이야기했다면, 두 번째 저서 〈나도 행복할 수 있을까?〉에서는 인생에서 가장 관심 있는 주제라 할 수 있는

'행복'에 대해 이야기해야 한다는 사명감까지 들었다.

사랑과 결혼은 관계의 최고 정점이듯이, 인생에서 '행복'은 최대 고민이요, 과제다. 사랑에 대한 다양한 정의가 있듯이 행복 역시 수많은 조언들이 있다. 나는 그 중에서 "행복은 다른 사람과 비교하지 않는 것이다"와 "지금 행복해야 나중에도 행복하다"에 한 표를 주고 싶다. 이렇게 비교하지 않고 지금 이 순간에 행복하기 위해서 나는 두 번째 책에서 '만남, 관계, 자아, 웰다잉'이라는 4개의 틀을 사용했다.

하지만 좀 더 근본적인 작업은 내 한계를 알고, 내 욕망을 내려놓으면서, 묶여 있는 모든 것을 내려놓아야 행복의 파랑새를 볼 수 있다. 자존심도, 집착도, 할 일도, 미래까지 내려놓아야만 가야할 길이 열린다. 내려놔야 더 많이 얻는다. 내려놔야 자유로운 인생이 된다. 내려놓는다는 것은 용서요, 용납이요, 그리고 상대를 있는 그대로 인정하는 일이다. 인생은 행복하기 위해 사는 것이 아니라 행복하게 사는 것이라고 했다. 그것은 삶의 우선순위와 상식적인 반응 속에 나답게 그러나 흥미롭게 사는 것이다.

이제라도, 아니 나부터 그렇게 살고 싶다. 할 일이 있고 사랑할 수 있고 소망이 있다면 누구라도 이 일은 가능하기에 나는 그렇게 살고 싶다. 내가 행복하면 내 친구도 행복하고, 내 친구의 친구도 행복하게 된다. 진정한 축복은 아브라함처럼 복의 통로가 되는 일이다. 마치 수로 옆에 심겨진 나무는 잎사귀가 마르지 않고 때에 맞추어 열매를 맺어 많은 사람에게 기쁨을 안겨주듯이, 그런 사람

옆에는 언제나 행복한 사람들로 가득 차 있다.

시인 타고르는 "어리석은 사람은 서두르고, 영리한 사람은 기다리지만, 현명한 사람은 정원으로 간다"라고 했다. 정원은 휴식과 위안이 있는 곳이다. 삶의 에너지를 준다. 좋은 집이란 다른 어떤 것보다 꽃이 있는 집이다. 행복의 꽃이 핀 집은 천국이다. 그러면 하늘이 보이고 별이 보이는데 어찌 생의 마지막이 두렵겠는가. 물론 이 책이 행복에 대한 백과사전처럼 변화무쌍한 인생에 대한 답을 어찌 다 달 수 있겠는가. 아직도 미처 담지 못한 이야기와 함께 더 알고 싶은 이야기가 많이 남아 있다. 다음번에는 그 모든 것을 염두에 두고 개정판처럼 힘쓸 것이다.

책이 나오기까지 교정을 봐 준 김 선생님, 큰 틀을 안내 해 준 '따스한 이야기' 출판사 사장님 그리고 우리 가족과 하누리 식구들에게 감사의 인사를 전한다. 부디 이 책을 읽는 모든 이들에게 하늘과 땅의 축복이... 아울러 '하누리 공동체'가 시작되면서 나를 돕는 많은 동역자들이 있다. 다시 한 번 고맙고 감사한 마음을 책을 통해 전하고 싶다.

2018년 6월

피러한(한억만)

나도 행복할 수 있을까?

행복을 잃은 세대에게 보내는
피러한의 두 번째 편지

contents

CAPTER 03 행복한 자아

CAPTER 04 행복한 마무리

CAPTER

01

행복한 만남

먹고
기도하고
사랑하라

엘리자베스 길버트 원작을 바탕으로 만들어진 영화 〈먹고, 기도하고, 사랑하라〉는 우선 제목부터 마음에 들고 실화라는 것에 더욱 가슴 설레게 했다. 주인공 리즈는 누가 보더라도 성공한 사람이었다. 남들이 부러워하는 직장에 능력 있는 남편, 수영장까지 지닌 멋진 집을 소유한 그녀에게 아쉬울 것이 무엇이 있겠는가. 하지만 주인공은 이 땅의 모든 것을 다 소유했을 뿐 아니라 풍족한 삶을 살고 있었음에도 왠지 가슴 속에는 무언가 채워지지 않는 갈등이 그녀를 늘 공허하게 만들었다.

어느 날 그녀는 황당한 결정을 해버린다. 이혼하고 미지의 자아를 찾고자 무작정 여행을 떠나버린다. 명색이 자아를 찾기 위해 모든 것을 포기하고 떠나는 여행임에도 행선지에 대해 고민하지 않고 알파벳 'I'로 시작하는 세 개의 나라를 향했다. 첫 번째 나라 이탈리아에서의 주제어는 먹는 일(EAT)이다. 너무나 맛있는 나폴리 피자와 그라탱 등을 행복하게 먹었지만 몸은 감당키 어려울 정도로 불어나 넉 달 만에 12kg나 더 나갔다.

다음 행선지 인도에서는 기도(PRAY)하는 일이다. 처음에는 기도가 쉽지 않았지만 시간이 지날수록 명상을 통해 온 우주가 자신 속으로 들어오기 시작함을 느끼며 그녀는 서서히 내면의 균형을 잡아갔다. 마지막 인도네시아에서는 사랑(LOVE)을 찾게 된다. 그 곳에서 영적 멘토를 만나 명상하면서 자신을 더 깊이 발견한다. 그러던 중 우연히 한 남자를 만나 다시 사랑하게 된다는 이야기다.

이 영화를 보면서 가장 먼저 성공과 행복이 무엇인가에 대해 고민해 보았다. 영화 내용이 아니더라도 '성공한 인생이 행복의 바로미터는 아니다'라는 사실이다. 리즈는 평범한 여성들이 꿈꾸는 이상적인 삶이 아니었던가. 그럼에도 그녀는 이 모든 것을 갖추고도 도무지 행복하지 않았다. 그녀의 가슴 속엔 행복의 빛 대신에 공허와 혼란, 좌절의 어둠이 가득 차 괴로워할 뿐이었다. '이건 내가 원하는 삶이 아니잖아.' 심각한 우울증, 혹독한 이혼과정, 연애의 실패 등으로 한밤중 욕실 바닥에 엎드려 눈물과 콧물을 쏟으며 절망의 웅덩이에 빠져들었다.

우리 모두가 행복을 갈구하지만 행복한 사람은 소수에 불과하다. 행복이란 진정 파랑새일까. 영화 주인공처럼 잘 먹고, 기도하고, 사랑하면 행복한 생이 될까. 아니다. 행복이란 무엇을 하므로 나타나는 결과물이 아니라, 내 마음속에 이미 행복이 들어와 있음을 알고 기뻐하는 일이다. 인도 우화에는 신이 천사에게 세상에 행복을 전해주라고 명령했지만 천사는 샘이 나서 오히려 그것을 숨기려고 고민했다. 인간은 너무 영악해서 높은 산이든, 깊은 바다든 찾아 낼 것 같아 가슴 속에 숨겨두었다. 하지만 사람들은 엉뚱한 곳에서 행복을 찾고 있다. 진정 우리 삶의 중요한 것들은 눈으로 보기보다 마음으로 보아야 한다는 말은 괜한 말이 아니다.

호스피스 전문의 오츠 슈이치 박사는 1,000명의 환자를 간호하면서 후회 없는 죽음을 맞이하는 사람들에게 세 가지 공통점이 있다는 것을 알게 되었다. 먼저 마음을 비운 사람이었다. 아무리 채워도 차지 않았던 욕망의 크기를 반만 벗겨내도 삶은 한결 가벼워진다. 다음에는 용서하는 사람이었다. 마치 오늘이 남은 생의 마지막 날인 것처럼 고백하고 용서한 자들이었다. 마지막에는 현실을 인정하는 사람들이었다. 나이가 들어도 여전히 특권의식에 사로잡혀 있는 사람은 행복할 수가 없다. 결국 행복과 불행은 자신의 마음 자세에 달려있다. 인생의 만족은 환경에서 오는 것이 아니라 존재의 균형에 있다. 특별히 자아의 소리에 귀 기울이고 자신이 원하는 것과 행하는 것 사이에 균열이 없는 것이 행복한 삶의 비결이다.

그렇다면 무엇을 행해야 하는가. 기도를 통해 사랑을 알고, 사랑은 섬김을 통해 열매를 맺는다. 마지막 종말이 가까울수록 해야 할 일을 바이블에서는 베드로를 통해 세 가지를 명하고 있다. “기도하라! 사랑하라! 봉사하라!” 이 세 가지는 어쩜 하나일지 모르겠다. 주인공은 먹고 기도하고 사랑했지만 진정 기도했다면 사랑할 것이다. 사랑의 열매는 섬김과 봉사를 통해 나타난다. 우수한 두뇌

와 교육열, 족보중시 등 한국인과 유대인에게는 공통점도 많지만 결정적인 큰 차이점은 이웃에 대한 관심도에 있다. 그들은 이웃과 함께하는 모임에는 일부러 참석하여 열심히 봉사한다. 유대인들은 섬김과 기부를 통해 후손들을 가르칠 뿐 아니라, 그러한 축복을 자자손손 물려주길 원한다.

스스로 돕고자 하면 결국 모든 사람을 돕게 되고, 항상 자신이 만나고 싶은 사람이 있다면 본인이 그런 사람이 되어야 한다. 이러한 두 가지 철칙이 오늘의 유대인이 있게 했고 우리와의 차이점을 만들었다. 리즈는 먹고 기도하고 사랑하므로 자아를 찾아 행복한 삶을 살았지만 한 단계 더 나아가 자아를 찾은 사람은 이웃과 균형 잡힌 삶을 살아야만 건강하고 행복한 삶은 계속 될 것이다.

스킨십

고등학교 때 '다이제스트'라는 과자 한 봉지만 있어도 세상 부러울 것이 없었다. 그 때는 가난했지만 순수해서 작은 것에도 행복감을 쉽게 느꼈는데 지금은 많음에도 별 재미가 없다. 류시화는 행복을 찾기 위해 인도로 떠났는데 그 곳에서 가장 많이 들었던 말은 "Are you happy?"였다. 누구의 말처럼 내가 행복하지 않다면 세상 물질이 무슨 의미가 있으며, 이미 행복하다면 그것들이 무슨 의미가 있겠는가. 그렇다. 행복은 환경적인 요소가 아니라 인생의 의미에서 출발한다. 그는 인도 방문을 통해 행복에 대해 두 가지로 결론을 내렸다. 우리는 행복하기 위해 세상에 왔고 또한 행복해지는데 필요한 것들을 이미 갖고 있다는 것이다. 그러므로 '행복은 무엇인가'라는 질문보다는 이미 행복한 자로서 어떻게 행복을 누리느냐가 관건이다.

놀랍게도 행복을 가장 쉽게 느낄 수 있는 것은 '스킨십'과 '대화'라고 한다. 오래 전 〈생로병사〉에서는 신체 접촉을 많이 할수록 건강하고 안정된 삶을 살 수 있다는 '터치 건강법'을 방송했다. 콜롬비아에서는 미숙아를 인큐베이터에 넣는 대신 캥거루처럼 엄마에게 안겨 24시간을 함께 있게 했는데 정상적인 아이보다 성장이 더 빠르다는 결과가 나왔다. 이렇듯 피부는 제 2의 뇌라고 말할 정도로 중요하기 때문에 스킨십은 정서적 안정과 두뇌 발달에 큰 역할을 한다. '나는 사랑 받고 있다'라는 자존감 속에 긍정적인 사고가 형성되면서 이웃에 대한 이해심을 갖게 하여 사랑 받은 만큼 다시 베풀게 되는 사회적 인간으로 자라도록 만든다.

하지만 스킨십이 부족하면 역설적인 결과가 사회와 개인의 삶 속에서 나타난다. 신체 접촉 기회가 적은 시설에서 자라는 아이들이 보통 가정의 애들보다 뇌가 더 손상되었다는 보고는 좋은 본보기가 된다. 또한 아토피성 피부병도 음식과 체질에서 온 원인보다는 터치부족으로 생겨난 원인이 더 크다고 한다. 약으로 고치기 어려운 이 병도 마사지 하듯 피부를 문질러주면 면역력이 생기면서 눈에 띄게 호전되어 간다.

우린 예로부터 수줍음이 많은 민족이다. 무슨 일이든 개인보다 공동체를 먼저 배려하고 또 말 없는 사람이 더 인정받았던 풍토로 가슴 속에 있는 정(情)을 표현하는데 너무 무디었다. 또한 인간관계를 어렵게 만들뿐 아니라 부부조차도 사랑이 무엇인지 느끼지 못하고 남 눈치 때문에 사는 사람처럼 무의미하게 살아왔었다.

사람은 돈과 명예 때문에 사는 존재가 아니다. 겉으론 태연한

척 하지만 속으론 격려와 사랑의 욕구로 가득 차 있다. 출퇴근 때 안아주고 힘들어 할 때 어깨에 손을 올려놓고 만날 때마다 악수하며 피부가 부딪칠 때 기적은 일어난다. 아픔을 겪는 사람뿐 아니라 모두가 원하는 것은 따뜻한 대화와 스킨십에 있다는 것을 빨리 알아야 행복한 삶을 살 수 있다.

많은 아빠들이 왜 집에서 손님대접을 받고 있는가. 일이 바빠 대화는커녕 신체적 접촉의 기회가 없다보니 그렇게 된 것이다. 인생의 목적은 돈이 아니라 가정을 통해 행복을 가꾸는데 있다. 중요한 것은 이러한 피부접촉을 통해 뇌를 접촉시키고 마음을 만지면서 자연스럽게 대화로 연결된다는 점이다. 논리와 합리로 따지기 전에 스킨십을 통해 마음의 문을 연 후에야 가슴 속의 대화를 할 수 있기 때문이다.

인생에서 대화만큼 중요한 일은 없다. 항상 많은 문제들은 대화결핍에서 시작되고 있으며 모든 행복의 출발도 여기에 기인되고 있음을 아래에 있는 어떤 분의 글을 통해 더욱 실감하게 된다.

"독선은 대화의 적(敵)이다. 아집은 대화의 암(癌)이다. 편견은 대화의 벽(壁)이다. 오해는 대화의 부족(不足)이다. 고독은 대화의 결핍(缺乏)이다. 비극은 대화의 단절(斷切)이다. 우정은 대화의 교류(交流)이다. 사랑은 대화의 충만(充滿)이다. 행복은 대화의 완성(完成)이다."

그럼에도 사람들은 대화를 스킨십만큼이나 어렵게 생각한다. 그것은 만남 자체가 특정한 목적을 위한 수단이 되었기에 진솔한 대화보다는 필요에 의한 일상적이고 형식적인 대화로 가득하기 때문이다. 그럼에도 진실한 대화가 우리 인생에서 중요한 것은 진실한 대화만이 진실한 사람을 만들어주기 때문이다.

진정한 대화란 많은 말이 필요한 것이 아니라, 말에 맛과 온기를 느끼게 하는 것이다. 얼굴을 맞대면서 마음속의 소리에 귀를 기울이면서 말하기 보다는 들어주는 자세가 중요하다. 그러기위해서는 무뚝뚝하고 단음절의 대화를 삼가고 선입견을 버려야한다.

"부부끼리는 친구처럼, 친구끼리는 아내처럼 대하라"라는 격언이 있다. 친구란 마음이 통하고 말이 통하는 사이요, 부부란 신뢰가 바탕이 된 사이이므로 진실한 대화를 할 수 있는 것이다. 대화란 이렇게 경건한 어떤 종교적인 의식만큼이나마 충만한 시간을 갖게 한다. 나중에 보석을 사주는 것보다 지금 이 순간에 열린 마음으로 격려와 사랑 그리고 용서의 말이 더 중요하다. 대화가 행복한 인생을 만드는 가장 실제적인 방법이라는 것을 안다면 당신은 이미 지혜로운 사람이요, 행복한 사람임에 분명하다.

눈먼 사랑

운전면허 시험 전날 문제집 한 번 보고 갔는데 학과 시험에 붙었다고 자랑스럽게 말하는 이들을 보면 이런 생각이 든다. '면허증은 그렇게 쉽게 취득했을지 몰라도 운전은 그리 만만치가 않을 걸...' 만약 〈인생면허증〉시험이 있다면 첫 번째 문제가 아마도 '사랑'이 아닐까라는 생각을 하는 것은 나도 이제 사랑에 대해 조금은 알 것 같음에도 오히려 더 어렵게만 느껴지기 때문이다.

사람들은 사랑에 대해 많은 말을 하지만 각기 다른 해석을 하는 것을 보면 사랑은 다양성과 함께 개성이 뚜렷한 난제라는 것이다. '사랑은 헌신'이라고 말하는 사람들이 더 이기적인 모습을 보일 때 내 자신도 혼돈 될 때가 많았다. 이제 생각해보니 그들의 두 얼굴이 문제가 아니라 사랑을 너무나 이상적으로만 생각했던 내 자신이 더 큰 문제였다. 인생은 어쩜 사랑과 증오가 채워지는 잔과도 같다. 사랑이 많으면 많을수록 증오는 작아지고 증오가 많으면 많을수록 사랑은 적어진다. 우리의 과제는 증오를 몰아내고 사랑을 채우는 일이다. 더 이상 눈 먼 사랑이 되지 않기 위해서 나름대로 사랑에 대한 정의가 필요하다.

가장 보편적인 사랑의 정의는 어쩜 '주는 것'이라 말할지 모르겠다. '마릴린 먼로'만큼 많은 사랑을 받은 사람도 드물다. 아울러 그녀만큼 사랑에 목말라 죽은 사람도 드물다. 그녀가 결혼했거나 만났던 대부분은 최고의 권력가요, 부자들이었다. 그럼에도 누구도 그녀가 원하는 사랑을 채워주지 못했기에 서른여섯이라는 젊은 나이에 고독하게 약을 먹고 죽지 않았던가. 그러나 마릴린 먼로를 죽게 만든 것은 남자들이 아니라 사랑을 받으려고만 했던 이기적인 그녀의 사랑이 자신을 죽인 것이다.

사람은 누군가를 사랑하면 무언가를 주고 싶은 마음이 생겨난다. 그것은 자신의 마음을 상대에게 보여주고 싶다는 신뢰의 증표인 셈이다. 신은 인간에게 결혼이라는 제도를 통하여 받는 것보다도 주는 것이 더 행복하다는 것을 배우게 하셨다. 빈부란 소유가 아니라 이웃과 얼마나 나눌 줄 아느냐로 구별할 뿐이다. 이 땅에 살면서 주는 기쁨을 아는 사람은 이미 천국을 소유한 자들이다. 천국에는 수입장부는 없고 지출장부만 있다고 말하는 이유가 무엇인가. 신의 관심은 저장이 아니라 나눔에 있기 때문이다.

사랑은 이렇게 자신의 것을 나누며 베푸는 것이지만 때론 상처를 주는 것도 사랑이다. 사랑이 어렵다는 이유가 여기에 있다. 사람은 결코 '아낌없이 주는 나무'가 될 수 없기에 기대만큼 받지 못하면 상처를 받는다. 그런데 놀라운 일은 이 일을 통하여 상대를 이해하고 교감하며 눈높이 사랑을 할 수 있다는 것이다. 사랑하면 이기고 지는 것이 아니라 눈을 멀게 한다. 불가능이 없는 것처럼 살게 된다. 도둑들과 형사들은 모든 문을 열 수 있는 열쇠가 있듯이 신은 모든 인간에게 '사랑'이라는 만능키를 주셨다. 물론 아무 노력도 없이 사랑만 하면 모든 것을 해결해 주겠다는 의미는 아니다. 에리히 프롬이 관심, 이해, 존경, 책임이라는 네 단어로 '사랑'을 압축했듯이 사랑하면 관심을 갖게 되고 이해와 존경 그리고 책임이 뒤따른다. 그렇게 사랑한다면 불가능이 없는 것처럼 느껴지기에 사랑은 마술과도 같다고 했나보다.

알고 보면 인생의 문제란 환경이 아니라 오직 사랑이 부족하므로 생겨난 일에 불과하다는 것을 나중에 가서야 깨달게 된다. '사람'이라는 말은 '사랑'에서 왔다는 주장이 있다. 좀 억지 같지만 상당히 일리가 있지 않는가. 그러므로 사람을 사랑하는 일처럼 큰 축복도 없고 사람을 미워하는 일처럼 큰 저주도 없을 것이다.

사랑은 결국 사람을 지혜롭게 만들어 준다. 과학의 방법론에는 두 가지가 있다. 물질과 기계의 함수관계 방법인 〈미분식〉과 물질과 형이상학적 함수관계인 〈적분식〉이 있다. 이러한 학문의 한계를 미리 안 듯 유대인은 여기에 하나를 더했다. 그것은 이 모든 것을 존재케 하고 존재 목적을 알게 하는 신을 사랑하고 섬기는 일이다. 바이블에서 "그를 경외하는 것이 지혜와 지식의 근본이다"라는 말을 증명한 일이 있다. 미국에서 중고교사와 의대와 법대교

수 50%, 대학총장 90%가 유대인이요, 노벨상 1/3을 유대인들이 받고 있다.

사람은 누군가를 사랑하면 이렇게 자신감과 함께 자연히 머리가 좋아지게 된다. 사랑하는 사람에게 인정을 받으면 엄청난 에너지와 함께 머리는 최대한의 용량으로 돌아가기 시작한다. 사랑하면 늘 그 사람에게 초점이 맞추어져 있기에 그 사람과 코드를 맞추는 일은 식은 죽 먹기다. 바보가 되는 것도 전혀 꺼리지 않는다. 한없이 단순한 사람이 되기도 하고 눈이 멀기도 하며 다른 것이 보이지 않는다. 바로 그 힘이 불가능을 가능하게 하고 모든 유혹을 이기게 하고 어떤 일이든 승리하게 하는 지혜가 되는 것이다.

감동을 주는 사람

어느 방송에서 〈인치엘로〉와 함께하는 특집 음악회를 가졌다. 나는 멤버들과 함께 음악회에 갔는데 내겐 기대이상의 감동이 밀려오면서 생각지 않았던 보너스를 받은 것처럼 기분이 좋았다. 마지막 앵콜송이었던 〈Time to say Goodbye!〉는 네 사람이 환상적인 하모니를 이루며 원곡을 불렀던 가수보다 더 탁월한 느낌을 주었기에 관객들은 마지막 곡을 못내 아쉬워하며 열렬히 박수를 쳤다.

원래 이 곡은 시각장애인 안드레아 보첼리와 넬라 판타지아의 사라 브라이트만이 함께 부른 듀엣 곡인데 요즘에는 어느 음악회나 행사에서 많이 사용한다. 내가 다시 새 일을 시작하면서 그 음악을 들으니 감미로운 멜로디는 가슴을 뭉클하게 하면서 마음의 치유와 결단할 수 있는 좋은 시간이 되었다. 나는 '안녕'이라는 인사는 왠지 이별의 느낌이 들어 싫다. 차라리 내일 다시 볼 수 있는 '다음에 봐'라는 인사가 더 좋기에 'Goodbye를 말하는 시간'이라는 제목이 싫어, '시간에게 말해줘, Goodbye'라고 말하고 싶었다.

여기서 말하는 '시간'은 일상적인 하루 24시간이 아니라, 나와 함께한 또 다른 나의 분신을 의미한다. 나는 모르고 지나간 일도 많지만 내 인생의 '시간'은 모든 것을 알기에 나 때문에 얼마나 많은 가슴앓이를 했겠는가. 그 시간에게 '잘 가!'라는 인사는 자신과 이웃 그리고 세상을 향한 고마움과 그리움이 담겨있다. 또한 내일에 대한 소망을 품기에 모든 것이 끝난 의미의 '안녕'이 아닌 새로운 시작을 기다리는 자세로 '안녕!'이라는 의미로 인사하고 싶은 것이다.

사무실에 온 이후에도 나는 그 곡을 몇 번이나 반복해서 들었다. 문득 '명곡은 과연 이유가 있었구나'라는 생각이 들었다. 나뿐만 아니라 많은 사람들의 기억 속에서 잊혀 지지 않는 것은 언제 들어도 그 노래 속에서 느낄 수 있는 편안함과 감동이 있기 때문이다. 아무리 오랫동안 떨어져 있어도 늘 가슴에 남아있는 사람도 마찬가지다. 배려와 감동이 있고 편안함이 있었기에 힘들 때마다 떠오르기만 해도 큰 힘이 되는 것은 아이에게 엄마처럼 마음의 고향이 되기 때문이다. 내겐 그런 명곡과 같은 사람이 몇 명이나 될까. 아니 나는 과연 몇 사람에게 그런 존재가 되고 있을까. 새삼 음악에 빠지면서 고민 아닌 고민을 해 봤다.

인간은 감동을 그리워하며 오늘도 감동을 찾아 끊임없이 방황한다. 사람마다 본능적 그리움은 다르지만 감동을 받으면 모든 것을 걸어도 아깝지 않는 것이 인생이다. 하지만 우린 20년 전 일본처럼 세 가지 감(感)이 없는 시대를 살고 있다. '감동'이 없고, '감사'가 없고, '감격'이 없다. 머리로는 온갖 이해타산에 밝지만 가슴엔 사랑이 메말라 냉소적인 자세로 이웃을 대한다. 세상 모든 것을 얻어 누린들 감동이 없는 것은 욥의 고백이 된다. "나에게는 평온도 없고 안일도 없고 휴식도 없고 다만 불안만이 있구나." 마음에 감동이 없으면 그처럼 공허로 가득 차 있기에 세상엔 감동을 미끼로 한 자극적인 유혹으로 우리의 허무한 가슴을 향해 더 거세게 도리질 하고 있다.

외롭고 힘들 때 이런 유혹에 빠지지 않도록 감동을 주고 감동을 받으며 살아가야 행복한 삶이 될 수 있다. 그렇다면 누가 감동을 주었던가. 되물어볼 때 답이 보인다. 그들에게는 배려심이 가장 먼저 덧보인다. 배려는 상대에 대한 관심, 사랑, 존경의 산물이지만 현대인은 이것을 무가치한 낭비로 여긴다. 문명의 이기를 잘 활용하면 사는데 지장이 없다고 생각하지만 인간은 어떤 경우에서든지 혼자서는 행복할 수 없다. 그러므로 배려는 행복한 삶의 출발점이라는 것을 잊어서는 안 된다.

어느 아버지가 유언하기 전에 은화 5개씩을 주면서 수단방법 가리지 말고 방을 꽉 채우라고 했다. 첫째는 어이없게도 건초더미를 사다가 방을 채웠고, 둘째는 솜을 사다가 채웠다. 하지만 셋째는 마을에 내려가다가 어려운 사람을 만나 옷과 음식을 사주고 남은 돈으로 초를 사다가 방을 환하게 비췄다. 이 모든 것을 다 본 아버지는 셋째를 칭찬하면서 모든 재산을 그에게 맡겼다.

세상에는 두 종류의 사람이 있다. 첫째와 둘째같이 애를 썼음에도 건초더미와 솜으로 채운 인생처럼 배려를 모른 채 자신만을 위해 살아가는 사람이 있다. 또 자신을 빛처럼 사랑으로 채워가는 셋째 같은 이가 있다. 우리에게 감동을 주는 사람은 환경을 떠나 이렇듯 세상에 빛이 되고 소금이 되는 사람이다. 그들은 말수가 적다. 억울한 일을 당하거나 참을 수 없는 순간에도 감정을 억제하며 때를 기다릴 줄 알기에 감동을 준다. 남의 허물과 단점이 보여도 함부로 판단하지 않는다. 다만 넓은 가슴으로 그 영혼이 잘 될 수 있도록 감싸 안기에 그 앞에 할 말을 잃고 바라만 본다.

태생적으로 소심해서 말 없는 사람이 아니라, 잘 말할 수 있음에도 입이 무거운 그들은 경청하므로 '나는 당신의 우군이다'라는 메시지를 던지며 눈빛을 마주친다. 그는 이미 말보다 듣는 쪽을 택했기에, 상대를 알고 세상 이치도 먼저 깨달았기에 각 사람마다 맞춤식으로 섬기며 감동을 더해준다.

동행

“같이 늙어간다는 것, 같이 간다는 것, 같이 있다는 것은 쉽지 않는 일이지만 특별한 축복이다.”

어느 분이 페이스 북에 써 놓은 글이다. 인생은 누구나 홀로 갈 수 없다. 힘들 때 기댈 수 있고 아플 때 위로하고 어려울 때 큰 힘이 되어줄 사람이 있다는 것은 크나큰 축복이다. 우리 주위에는 다양한 친구들이 있다. 그 많은 친구들 중에 내게 꼭 필요한 사람은 누구일까. 누군가가 ‘인생에 필요한 12명의 친구들’에 대해 이렇게 꼽았다.

> “믿고 의지할 수 있는 든든한 선배하나, 무엇을 하자 해도 믿고 따라오는 후배하나, 쓴 소리도 마다하지 않는 냉철한 친구 하나, 나의 변신을 유혹하는 톡톡 튀는 친구하나, 여행하기 좋은 먼 곳에 사는 친구하나, 어떤 상황에서도 내 편인 친구하나, 언제라도 불러낼 수 있는 친구하나, 독립 공간을 가지고 있는 싱

> 글 친구하나, 부담 없이 돈 빌려주는 부자 친구하나, 추억을 함께한 오래된 친구하나, 연애 감정이 생기지 않는 속 깊은 이성 친구 하나."

나는 과연 몇 명이나 이런 친구가 있을까. 나는 이런 친구들 보다는 단 한 사람이라도 나를 진정으로 이해하고 공유할 수 있는 친구만 있다면 더 이상 바랄 것이 없을 것 같다. 우리는 이렇게 동행할 친구 찾기가 어려울까라는 질문에 모난 성품을 생각하지 않을 수 없다. 융은 사람이 태어날 때는 둥근 원의 모습이었는데 삶에 시달려 모가 난 사람이 되었다고 한다. 상처 받지 않고 살아갈 수가 없듯이 자신에게 편하고 쉬운 사람은 하나도 없다.

신은 인간을 공장에서 물건 찍듯 만들지 않았다. 각자의 캐릭터가 있고 매력이 있음에도 우리는 그것을 모가 나게 볼 뿐이다. "모난 사람이 모난 사람을 만난다"라는 격언처럼 자신과 유사한 사람을 만나는 것이 인생이다. 어쩜 모가 나는 그런 부분들이 참된 자아임을 인정해야 할지 모르겠다. 〈동의보감〉에서 머리가 둥근 것은 하늘의 모양이요 발이 모난 것은 땅을 상(像)한 것이라고 했다. 모난 것이 악이 아닌 우리의 일상적인 모습임을 알아야 한다. 필요하면서도 고통스러운 존재인 인간을 이해한다는 것은 나와 다른 모난 것이 곧 내 모습인 것을 알고 그것을 인정하며 수용하는 것이다.

"'세상에서 당한 모든 고난과 고통은 다이아몬드이고, 독서와 학문은 황금이고, 봉사하는 것은 은이며 세상에서 맛본 모든 쾌락과 행복은 쓰레기다"라는 말처럼 아무리 모난 사람이라도 타인을 위해 봉사를 멈추지 않을 때 얼굴도 성격도 달라짐을 경험하게 된다. 섬길 때 뿜겨져 나오는 긍휼한 마음은 그 어떤 단어로 대신할 수 없는 신비한 에너지가 되어 언제나 꿈을 꾸는 인생이 되게 한다.

이상하게도 사람은 나이가 들수록 더 아이가 되어간다. 작은 일에 토라지고 쉽게 감격한다. 노인성 백내장처럼 시야도 좁아져 시야가 뿌옇듯 사람 보는 눈도, 세상 보는 눈도 어찌 그리 혼탁한지 모른다. 눈도, 정신도, 인간관계도 모든 것이 흐려진다. 그러니 자신을 제대로 알 리가 있겠는가. 이런 구조적 모순 속에 봉사는 좁아지는 시야를 넓게 만들고 관계를 새롭게 만들어 준다.

봉사를 통해 생의 고통을 덜어주고 자신의 영혼과 건강도 도움 받게 된다. 그러므로 봉사는 자신에게 스스로 가장 좋은 선물을 하는 일이다. 선물이란 이 땅에서 이웃과 신 앞에 바로 설 수 있기에 죽음도 두렵지 않다. 이렇게 둥근 사람은 마음뿐만 아니라 실제로 섬기고 봉사하는 삶을 살아가기에 모두에게 환영받아 동행하고픈 1순위가 된다. 더 본질적인 요인은 그들은 매사에 긍정적이고 감사할 줄 알므로 평생 같이 동행하고 싶은 사람이 되어가고 있는 것이다.

최근 우리 사회는 물질 만능주의가 팽배해지고 과도한 경쟁구조로 인한 소통의 부재로 우울증 환자가 계속 증가하고 있다. 우울증보다 더 무서운 것이 조울증이다. 좋을 때는 한없이 좋다가도 감정이 가라앉으면 순간 돌이킬 수 없는 실수를 하게 된다. 이들을 치료할 수 있는 가장 강력한 약은 다름 아닌 감사에 있다. 어떤 사람은 조그마한 구렁텅이만 있어도 원망하는 사람이 있지만, 어떤 사람은 험하고 캄캄한 길에서도 조그마한 빛만 비춰어도 감사의 기도를 드린다. 이렇게 매사에 감사의 안경을 쓴 사람은 못할 일이 없고 넘어지게 할 유혹이 없다. 무슨 일을 하든 긍정적인 자세로 일하므로 어디서든지 동역자로 인정을 받게 된다.

흘러간 시간은 누구도 어쩔 도리가 없으니 오늘이 문제다. 지금 감사할 때 기적은 얼마든지 일어날 수 있다. 열매 속에는 씨가 있듯이 감사 안에는 더 많은 감사의 열매로 돌아오게 된다. 인생은 때론 기도로도 채울 수 없을 때가 있다. 도무지 그 무엇으로도 어찌해 볼 수 없을 때에 감사는 한줄기 빛처럼 세상을 비추어 준다. 곤고한 인생을 따스하게 보듬어 줌을 느끼며 다시 한 번 내일에 대한 꿈을 갖게 된다. 감사의 안경은 이렇듯 세상을 아름답게 보게 하고 마음은 풍요로움으로 가득 차게 한다.

거짓과 진실

어느 임금이 백성들에게 꽃씨를 나누어주고 가을에 심사하여 상을 주기로 했다. 백성들은 정성을 다해 키웠지만 이상하게도 꽃이 피질 않자 꽃집에 가서 새 꽃씨를 사다 심어 임금 앞에 내 놓았다. 하지만 임금은 그 꽃들을 보자 큰 실망을 하고 있을 때 어느 한 소년은 빈 화분을 들고 꽃을 피우지 못한 죄를 용서해 달라고 엎드렸다. 그런데 임금은 화를 내지 않고 큰 소리로 말했다. "아니다, 너야말로 정직하게 꽃을 키웠구나!" 임금은 백성들이 얼마나 정직한지를 시험하고자 처음부터 볶은 꽃씨를 주었던 것이다.

익히 아는 이 동화를 라디오에서 들을 때 나는 마치 무엇을 훔치다 들킨 사람처럼 가슴이 뛰었다. 어쩜 절대자는 그 임금처럼 우리에게 볶은 씨를 주었음에도 우리는 아름다운 꽃을 피워놓고 흡족해하지만 속은 허하기 그지없다. 그래서 고슴도치처럼 가까이 하려면 찌르고 또 그냥 놔두면 얼마나 보기 흉한지 모른다. 가끔 사람들이 내게 좋은 평가를 할 때 기분 좋은 것이 아니라 이런 탄

식이 들리는 듯하다. '내가 네게 준 양심은 어디 가고 겉만 꽃을 피우려 하느냐…'

"도대체 무엇이 우리를 이렇게 겉과 속이 다르게 만들었을까"라고 묻는다면 〈배금주의〉가 먼저 떠오른다. 전 세계에서 우리만큼 물질로 행복을 추구하는 나라도 드물 것이다. 초등학생의 소원이 '부자'라고 말할 정도로 모두가 돈 중독 환자가 되어가고 있다. 아니 돈이라면 영혼까지 팔아먹을 심산이다. 하지만 흔히 말하듯 돈으로 책은 살지라도 지혜는 살 수 없다. 돈으로 집은 살지라도 행복한 가정은 살 수 없다, 돈으로 침대는 살지라도 평안한 잠은 살 수 없다는 것을 왜 모르고 있을까. 오히려 물질은 인격을 값싸게 만들었고 영혼에 대한 공허감만 커지게 하여 스스로 세상과 하늘을 더 멀어지게 만들고 있다.

〈대장금〉 마지막 회에서 '장금이'는 궁을 나오면서 이런 말을 했다. "궁은 음식을 만들게 했고 의술도 배우게 하고 또 님도 만나게 했지만 궁은 내가 가장 사랑하는 어머니를 잃게 했다." 화려하게 보이는 것일수록 실제는 슬픔이 더 많다. 밋밋하게 보이는 그 인생이 더 행복하다는 것을 현대인들은 오래 전부터 잊고 살아가기에 진실한 사람을 만나기가 어렵다.

우리는 산업화와 신자유주의를 지나면서 외적인 많은 변화를 예견했지만 가치관이나 의식구조까지 변하며 삶의 방식까지 바뀔 줄은 몰랐다. 함께 사는 세상에서 힘의 논리와 강자만이 살아남는 세상이 되면서 거짓은 선택이 아닌 필수가 되어 버렸다. 누구도 믿을 수 없는 불신사회가 되어가는 일보다 더 심각한 일은 자신도 그렇게 거짓으로 살지 않으면 죽을 것 같은 위기감에 잡혀 부모도 자식들에게 똑바로 말을 할 수 없는 세상이 된 것이다.

진실로 무릎 꿇고 싶은 사람이 없다는 일이 이 세대의 가장 큰 불행이다. 사람이 사람답게 살아보려면 내 생명을 몽땅 주어도 아깝지 않는 어떤 대상을 만나야 한다. 그러나 그런 사람을 찾을 수 없기에 방황하며 그렇게 거짓으로 살아가고 있는 것이다. 만약 내가 어떤 이를 좋아한다면 다른 이와 비교되는 월등한 능력을 가졌으므로 내 인생의 배경이 될 것 같기에 좋아하는 것은 결코 아니다. 세상이 아무리 각박해도 내가 누구를 좋아하는 것은 순수한 미소나 아니면 곧은 심성 때문이다. 또는 언제나 나를 담을 수 있는 넓은 마음 곧 그의 진실한 모습 때문에 좋아하고 함께 있고 싶은 것이다.

이쯤 되면 어떤 이는 이렇게 질문할지 모르겠다. "진실하게 산다고 누가 밥 먹여줍니까?" 그렇다. 아이가 아니고서야 의식주가 얼마나 중요하다는 것을 모르는 사람은 없다. 하지만 여기엔 중요한 진리, 곧 밥이 먼저냐 진실이 먼저냐를 선택해야 한다는 것을 기억해야 한다. 이상하게도 밥을 먼저 택하면 진실은 오지 않는데, 진실을 먼저 붙잡으면 밥은 그냥 따라 온다.

오래 전에 〈The Passion Of The Christ〉라는 영화가 큰 인기를 얻었다. 인간이 볼 때 그는 연한 싹 같고 마른 땅에서 나온 뿌리 같아서 고운 모양도 장엄한 모습도 없고 흠모할 아름다운 것이란 하나도 없었다. 그러나 그의 상처는 우리의 허물과 우리의 죄악으로 인한 것이었다. 그럼에도 사람들은 그를 외면했다. 그러나 지금 전 세계 책 절반 이상이 그와 직간접으로 관련이 있다. 전 세계 음악사의 절반 정도는 그의 영향 속에 있다. 전 세계 문화가, 전 세계의 언어가, 전 세계의 철학이 그를 배제하고는 도무지 논할 수 없게 되었다.

불의한 시대를 살아가는 우리에게 가장 필요한 것은 무엇일까. 물론 돈도 중요하고 건강도 필요하고 친구도 당연히 있어야 한다. 하지만 이 모든 것보다 우선적인 것은 진실이다. 순진한 사람은 꾸밈이 없고 순박하지만 혼란의 시대에선 영향력을 행사할 수 없다. 하지만 진실한 사람은 눈앞의 이익에 연연하지 않고 자리를 지키기에 아무리 어려운 길을 걸어도 결국은 승리하게 된다.

따스한 영혼

체온이 건강과 긴밀하게 관련이 있다고 말은 여러 번 들었는데 겨울 한파를 통해 더 실감하고 있다. 보통 체온이 37℃면 면역력도 왕성하지만 36℃만 되어도 몸이 떨리면서 열을 낸다. 거기에 1℃만 더 내려가면 암세포가 가장 많이 증식하게 된다. 34℃면 물에 빠진 사람처럼 죽음과 삶의 경계선이고, 33℃는 동사 직전에 환각 증상이 나타나는 단계다. 30℃가 되면 의식을 잃게 되고, 27℃는 숨이 멈춘 사람의 체온이 돼 버린다. 체온이 1도씩 내려가면 면역력은 30% 떨어질 뿐 아니라, 알레르기와 비만의 원인이 되고, 암세포가 종양으로 커지는 환경을 만들어주는 1등 공신이 된다.

살과 전쟁을 치루고 있는 사람은 운동할 때 먼저 체중계로 올라가지만 그것보다 더 심각하게 생각해야 할 일은 체온 체크이다. 적절한 체온만 갖고 있어도 건강한 컨디션을 유지할 수 있기 때문이다. 건강하려면 일상 속에서도 꾸준히 노력해야 한다. 충분한 영양과 적당한 수분 섭취, 적절한 수면은 아무리 강조해도 지나치지 않는 기본사항들이다. 거기에 규칙적인 운동까지 겸한다면 무엇을 더 바라겠는가.

인생도 마음의 온도가 중요하다. 사람도 따스한 사람과 차가운 사람이 있다. 차가운 사람은 여러 요인들이 있겠지만 첫 근원지는 '미움'이다. 미움은 중노동보다 더 많은 에너지를 소모하게 한다. 거기에 분노와 원망이라는 3형제가 저체온을 만들면서 몸에 아드레날린 호르몬을 분비시켜 온갖 병을 제공한다. 어느 의사는 암 환자가 미움과 원망의 마음을 갖고서 낫기를 바라는 것은 낙타가 바늘구멍을 뚫고 나가기보다 더 어려운 일이라고 했다.

그렇다면 어떻게 미움의 3형제를 내 보낼 수 있을까. 나는 그것을 〈폴 마이어〉 글에서 찾았다. "바람을 멈출 수 있는가? 없다. 하지만 풍차를 만들 수는 있다. 파도를 멈출 수 있는가? 없다. 하지만 배의 돛을 조종할 수는 있다. 상처 받지 않을 수 있는가? 없다. 하지만 용서하는 법을 배울 수는 있다." 인간은 질그릇처럼 쉽게 상처받고 잘 깨진다. 이렇게 연약한 인간은 하는 일마다 허물투성이지만 그 중에서도 상처 입힌 사람을 용서하는 일만큼 어렵게 느끼는 일도 드물다.

하지만 용서처럼 쉬운 일도 없다고 말하는 것은 그 일은 어차피 내 일이 아니기 때문이다. 내 의지나 인격으로 할 수 없는 일이기에 쉽게 포기하고 묶인 것을 풀어야만 내가 산다. 우리는 알아야 한다. 용서도, 사랑도, 섬김도 실은 내 자신을 위한 몸부림이라는 사실에 동의해야만 자유하며 평안히 살 수 있다. 물론 이 일은 말처럼 쉽지 않다. 방법은 추운 방에 보일러를 틀어야 하듯이 미워하는 마음에 뜨겁게 불을 지펴야 한다. 마음이 따뜻하면 별처럼 인생의 어둠이 없다. 마음이 열리고 사람이 열리고 만사가 열린다. 따뜻한 물, 따뜻한 밥은 오장육부를 편안하게 하지만 따뜻한 말, 따뜻한 마음, 따뜻한 사람은 몸과 이웃과 세상을 따뜻하게 만들어 준다.

인생의 진리는 생각보다 훨씬 단순하다. 인간은 불쌍한 존재이므로 서로 이해하고 사랑하면 행복한 인생이 되지만, 서로 대적하고 경계하면 스스로 불행한 사람이 되고 만다. 인간은 불완전하기에 어딜 가든 5%의 적대적인 사람이 있다. 문제는 어리석게도 그 5% 때문에 자신의 좋은 에너지 95%를 다 뺏기며 피곤하게 살아가면서 세상과 인생을 탓한다. 적이란 애당초부터 존재하지 않는다. 다만 내가 만든 적이 있을 뿐이다. 만약 진정한 내 적이 있다면 내가 어떻게 하겠는가. 맡겨야 한다. 하늘에 맡기고 세월 앞에 겸허하게 내려놔야만 문제도 해결되고 자신도 매이지 않고 건강하게 살아갈 수가 있다.

현대인은 바쁘고 피곤하게 살아가기에 언제나 가슴 따스한 사람을 만나길 원한다. 그들은 겉으론 바보 같은 구석이 있음에도 이상하게도 만나면 영혼이 평안하다. 왜 그들이 바보같이 보였을까. 외모가 아니다. 세상 이치를 넘어 손해 보는 것과 상관없이 그냥 순수한 내부의 부름에 따라갔기에 그렇다. 물론 세상에서 많은 유익은 얻질 못해도 그들만의 진실한 모습은 상대로 하여금 훈훈한 감동과 꿈을 안겨주기에 중독성이 있었다. 만나도 또 만나 차를 마시며 대화하고 싶은 것이다.

바보는 긴장하지 않는다. 바보는 화내지 않는다. 바보는 남에게 상처주질 않는다. 세련되지 않지만 어디에서도 얻을 수 없는 위로와 힐링이 있다. 무엇으로도 대신 할 수 없는 평안을 주기에 바라보기만 해도 배부르고 세상을 다 가진 듯 넉넉해진다. 가슴이 따스한 그들은 돈보다 사람을 더 좋아한다. 명예보다 친절에 더 마음을 둔다. 자랑보다 상대를 세워주려 애를 쓴다. 언제나 만족하고 나눌 줄 알기에 사람들이 따라붙는다. 어느 노래가사와 같다. "너를 만지면 손끝이 따뜻해. 온 몸에 열기가 흘러 소리 없는 정이 내게로 흐른다." 그 노래를 들을 때마다 나는 꿈꿔본다. 나도 그런 사람과 함께하기를, 그리고 나도 그런 사람이 되기를 소원하며 눈이 내리는 하늘을 바라본다.

말이 통하는 사람

보통 사람을 구분할 때 나이와 관심사에 따라 달라진다. 학생 때는 공부로 구별하고 조금 나이가 들면 돈으로 사람을 구별 짓는다. 하지만 결혼 이후에는 결혼한 사람과 안 한 사람, 중년 이후엔 성공자와 실패자로 분류한다. 그리고 테니스에 미쳐있을 땐 테니스 하는 사람과 못하는 사람으로만 보듯 평생 이분법적으로 나누다가, 어느 순간부터 말이 통하는 사람과 안 통하는 사람으로만 구별한다.

어차피 어떤 구별법으로도 제대로 나눌 수 없다면 차라리 말이 통하는 사람과 안 통하는 사람의 구별법이 상당히 설득력이 있다. 인간은 대화적 존재이기에 모든 것이 잘 통해도 말이 안 통한다면 사는 재미가 없다. 인생이 무언지 알게 되면서 말 통하는 사람을 찾으려 하지만 그런 사람을 만나는 것이 쉽지 않다. 남자가 결혼할 때 여자 얼굴이 예쁘면 3,4년은 행복하나, 음식 잘하는 여자를 만나면 평생 행복하다는 말이 있다. 의문이 가는 것은 아무리 잘 먹어도 말이 통하지 않는다면 무슨 재미로 살까 싶다. 차라리 미모는 조금 못 미치고 음식은 더더욱 못해도 말이 통한다면 무엇이 문제겠는가.

어느 기자는 이 시대 석학인 이어령에게 "인생에서 가장 소중한 것이 무엇입니까?"라고 묻자 이렇게 대답했다. "동행이 있는 삶을 사는 것입니다." 그는 분명 성공적인 삶을 살았음에도 실제로는 실패한 생을 살았다고 고백했던 것은 자신의 삶에는 동행이 없었기 때문이라고 했다. '동행'(同行)이란 대화 속에 희로애락을 나누는 삶을 의미한다. 그것이 행복이요, 성공이라는 것이다.

과연 어디서 나와 말이 통하는 사람을 만날 수 있을까. 이 일은 신대륙 발견만큼 어려운 일이다. 차라리 말 통하는 사람보다는 내가 누구라도 말이 통하는 사람이 되는 일이 더 빠를지도 모르겠다. 말이 잘 통하는 사람이 되려면 먼저 말 속에 마음을 담아야 한다. 입은 삐뚤어져도 말은 바로 하는 일도 중요하지만 그것보다 마음을 담아 말을 해야 소통이 되고 형통이 찾아온다. 마음을 담는다는 것은 긍정적인 말, 배려하는 말, 인정하는 말을 의미한다.

머피 박사는 "말은 신(神) 그 자체다"라고 말할 정도로 언어의 중요성을 강조했다. 말은 씨와 같아서 좋은 말을 심으면 좋은 열매를 맺지만 나쁜 말을 뱉으면 나쁜 열매를 맺는 것이 인생이라고 정의했다. 설령 아무 능력이 없는 사람일지라도 말만 잘해도 얼마든지 형통한 인생을 살 수 있다. 행복은 환경이 아니라 언어에서 옴을 알고 조심스럽게 마음을 담아 말해야 한다. 내가 아무리 타인을 부러운 시선으로 바라본다 해도 그 사람의 행복이 내 것이 될 수 없다. 차라리 원하는 모습을 그리며 자신에게 진실하게 말하는 편이 백번 빠를 것이다. '넌 특별해! 넌 최고야!' 이렇게 자신과 대화가 통하면 타인과의 말은 더 쉽게 열린다. 마음을 담아 말을 던질 때 상대는 행복해 한다. 그가 행복하면 자신에게는 더 큰 행복이 찾아오게 된다. "어떤 향기보다, 어떤 음악보다 더 아름다운 당신이 존재하기에 나는 행복하답니다." 이것이 뿌림의 법칙이요, 배가의 법칙이다.

이렇듯 누구와도 말이 잘 통하려면 먼저 따뜻한 마음을 갖고 대화하면서 아울러 상대의 말을 경청해야 한다. 오프라 윈프리가 토크 쇼에서 최고 진행자가 될 수 있었던 비결은 최고의 경청자이기 때문이다. 그녀는 온 마음으로, 온 몸으로 맞장구쳐주며 적극적인 반응을 보일 때 게스트는 묻지 않는 말까지 다 털어놓게 된다. 아무리 불량스럽고 문제투성이요, 한심한 사람이라도 경청할 때 사람이 달라진다. '모모'는 남의 말을 잘 들어주기에 친구가 많았다. 마을사람들은 무슨 일이 생기면 모모에게 가서 이야기한다. 신기하게도 말하는 동안 자신을 돌아보고 다시 기쁨이 생겨나 용기를 얻게 되기에 그들은 모모를 찾아갔던 것이다.

누군가가 내 말을 들어준다는 일처럼 감사하고 신나는 일이 어디 있겠는가. 경청(傾聽)이란 그냥 듣는 것이 아니라 주의하여 들음으로 내용을 정확히 파악하는 일이다. 사람은 사랑하는 사람이 생기면 토끼 귀가 된다는 것은 작은 소리에도 귀 기울이고 그가 원하는 것을 해주고 싶어 하기 때문이다. 사람은 자신의 말을 들어주는 사람에게 무릎을 꿇고 모든 것을 바친다. 말하는 것이 기술이라고 하면 듣는 것은 예술이다. 기술에 탄복하는 것은 잠깐이지만 예술은 영원히 삶을 나눌 수 있다. 삶을 나눈다는 것은 상대와 소통하는 일이요, 하나 되는 일이다.

이 일이 가능한 것은 말이란 사람의 모든 것이기에 대화만 된다면 모든 것을 함께 할 수 있기 때문이다. 내 이성과 감성, 인생관, 세계관이 공감되기에 인생을 나눌 수 있는 것이다. 그러므로 말이 통하는 사람은 누구와도 소통이 되기에, 세상이 필요로 하기에 진정한 하나가 될 수 있다. 이 일은 부부라도, 친구라도, 아니 타인이라도 가능하다. 그에게 나 자신을 놓아 주는 것, 내 자존심도, 내 체면도, 내 고통도 그에게 내려놓고 맡기는 것이다. 그리하므로 내 문제가 그의 문제가 되게 하는 것, 이것이 공감이요, 상생이다. 그것이 진정한 말이 통하는 사람의 모습이다.

갈등 속의 화해

갈수록 세계는 저성장, 저물가로 인해 경제는 더 어려워지고 있다. 이것보다 세계적 변화 속에 생겨나는 갈등과 분쟁이 더 큰 문제다. 어느 때보다도 국가 간 긴장 공간은 땅, 바다, 하늘까지 번지더니 이젠 사이버로 확대되어 한치 앞을 내다볼 수 없는 불확실한 세상이 되고 있다. 특별이 우리나라는 OECD국 중 사회갈등지수가 2위지만 사회관리 지수는 27위 수준이다. 사회갈등 비용은 최대 240조원에 달하는 상황이지만 평화는 요원하기만 하다.

역사 이래 갈등은 한 순간도 멈춘 적이 없다. 남북 간, 지역 간, 노사 간, 세대 간, 남녀 간, 가족 간의 갈등 등 모든 인간관계의 갈등들은 역사를 바꾸는 힘보다 현실은 더 잔인했다. 이런 상황 속에서 우리에게 절대적으로 필요한 것이 '화해'라고 말하지 않을 수가 없다. 이스라엘 5대 제사 중 세 번째 제사인 화목제는 방법이 좀 특이했다. 소나 양을 잡아 피와 기름 그리고 콩팥은 불로 태우고 나머지 제물은 제사장과 이웃에게 주는데 아침까지 남겨주면 안 된다는 원칙이 있다.

〈화목〉에는 '화해하다, 조정하다' 의미가 있듯, 이웃과 화해는 마음을 다해 당일에 해야 한다는 절대성을 포함하고 있는 것이다. 화해는 이스라엘 백성에게만 필요한 것이 아니다. 수많은 갈등구조 속에 살고 있는 우리에게 필요한 절대적인 해결책이라는 점이다. 화해라고 말하면 왠지 배부른 소리 같고 나와는 동떨어진 이야기 같다. 하지만 이것만큼 실제적인 대안도 없음을 알아야만 갈등을 해결 할 수 있다.

바이블에서는 화평케 하는 자가 신의 아들이라고 했다. 복 중의 최고의 복은 관계의 복이다. 화평은 좋은 관계를 유지하는 것이다. 짐승은 심장이 젖과 먼 곳에 있지만 인간은 심장이 가슴과 가까운 곳에 있다. 그만큼 감정에 민감한 인간은 정신력으로 병을 이길 수 있지만 마음이 상하면 누구도 고칠 수 없다고 한다. 이 땅은 천국이 아니다. 하루에도 수없이 속상한 일이 생겨날 때마다 '나는 피해자'라는 착각을 한다. 사실 엄청난 가해자라는 사실을 잊고 피해자라는 생각 속에 가슴 졸이고 있다.

화해자가 되는 일은 어려운 일이 아니다. 나와 다름을 인정하는 마음에서 이 일은 시작된다. 네 손가락은 항상 엄지를 마주보며 긴장한다. 하지만 다섯 손가락이 공생하는 길은 엄지의 다름을 인정해야만 글을 쓸 수 있고 엄청난 시너지 효과가 나타나며 행복한 인생을 살 수 있다. 행복은 환경이 아니다. 나와 다르다는 분노를 최소화시켜야만 가능하다. 사람마다 살아온 환경이 다르고 성격과 취향이 다르기에 나와 다름이 당연하다. 그럼에도 답답해하고 억울해하고 분노가 치민다면 행복한 인생은 불가능하다. 자기만이 옳다는 〈자기위주 사고방식〉을 조용히 내려놓아야 한다. '남은 나와 다르다'라는 것과 '남도 옳을 수 있다'라는 〈타인위주 사고방식〉을 가질 때 행복은 가까이에서 나를 초대한다.

나와 다름은 바로 대화에서 나타나야 화해의 진가가 드러난다. 말 한 마디가 증오의 씨가 되기도 하고 삶을 파괴하기까지 한다. 반대로 말 한 마디로 긴장이 풀리고 길이 평탄하게 되기도 한다. 말은 사람의 인격뿐 아니라, 미래모습을 알 수 있는 척도가 되는 것은 말은 사람의 감성을 터치하기 때문이다.

국내 유일의 민간 소망교도소는 다른 곳에 없는 세 가지가 감성을 만지면서 45년 인생을 바꾸고 있다. 먼저 수인번호 대신 이름을 불러준다. 감방에서 먹는 밥 대신에 식당에서 함께 식사를 한다. 먼저 들어온 수인 일명 빵잽이도 물론 그 곳엔 없다. 굳이 다른 교도소와 다른 점을 찾는다면 이 세 가지임에도 어느 덧 소망교도소는 재소자 사이에 로또라고 불린다. 그것은 재범죄율이 다른 곳과 비교할 수 없을 정도로 떨어진다는 증거들을 갖고 있기 때문이다.

누가 아니 무엇으로 그들의 혀를 부드럽게 만들며 수동적으로 움직이는 그들을 자율적으로 바꿀 수 있겠는가. 시작은 단순했다. 재소자들은 식당에서 교도관과 똑같이 자율 식으로 배식하면서 생전 처음 사람대접 받는다는 느낌을 받았다. 서로 다름을 인정해 주는 그들을 보며 입소했던 그들은 달라질 수밖에 없었다. 사실

재소자들을 '나와 다를 것이 없다'라는 마음으로 섬기는 교도관들은 법무부 소속 교도관 중에서 자원자들이었다. 최소한 소망교도소를 지원한 그들은 다른 곳보다 월급이 30% 적다는 것을 알고 있었지만 돈보다 영혼의 가치를 알고 희생을 각오했기에 이런 결과들이 가능할 수 있었다.

중세 때 7대 대죄가 있었다. 게으름, 교만, 질투, 분노 그리고 근본적인 인간의 한계라 할 수 있는 정욕, 탐욕, 탐식이었다. 이러한 죄가 잠재되어있는 인간에게 화해란 애시 당초 불가능한 일이었다. 하지만 가능한 길이 하늘에서 열렸다. 이제 누구라도 나와 다름을 인정하고 마음을 열어 진정으로 하나 됨이 교감되며 희생까지 겸비한다면 100% 가능한 말이 된다.

저는
당신만
생각해요

지난 주 어느 부부 주례사를 준비하면서 내가 다시 결혼한 것처럼 진실한 사랑이 무엇인가에 대해 깊이 생각해 보았다. 누구든 눈이 맞아 결혼 할 때는 '나는 너 없이는 못 살아'라는 마음이었다. 하지만 얼마 안가서 '나는 너 때문에 못 살아'로 바뀐다. 처음 순수했던 그 사랑은 어디 가고 '만약 다시 결혼한다면 지금 배우자와는 하지 않겠다. 능력이 된다면 혼자 사는 것도 좋아. 결혼 초기에 기선을 제압해야해' 등 사랑에 대한 잘못된 신화를 갖고 살아간다.

누구에게나 첫사랑은 있다. 아무리 악한 사람이라도 그 사랑만큼은 순수했을 것이다. 그 순수함이란 철부지 때의 순간적인 고백이 아니라 세월이 흘러도 어느 때이든지 당당하게 고백할 수 있는 진리와 같은 사실이다. 내게도 가슴어린 첫 사랑이 있었다. 그때는 몰랐는데 이제 와서 보니 그 사랑은 모든 이에게 동일하게 적용되고 있다.

"저는 당신만 생각하면 눈물이 납니다. 다른 사람과 대화를 해도 제 머리 속에는 당신으로 가득 차있어 눈가는 어느덧 또 젖어있답니다. 상대는 의문도 모른 채, '어! 이 사람이 왜 나에게 저자세로 나오는 거야?'라는 생각을 합니다. 사랑하는 당신 때문에 저는 자신도 모르게 이렇게도 바보가 되어가고 있고 또 모든 사람들에게 겸손해지고 있답니다.

저는 당신만 생각하면 세상 어떤 욕심도 다 사라지고, 세상 어떤 것도 부럽지가 않답니다. 그것은... 당신은 나에게 진주보다 더 소중한 존재이기에, 당신만 소유할 수 있다면 세상 어떤 것도 부러운 것이 없기 때문입니다. 남자는 여자보다 늦게 철이 든다고 하지만 저는 인생의 모든 일들이 이다지도 늦게 철이 나는지 모르겠습니다.

왜 이제야 당신을 만났단 말인가요. 왜 이제야 이런 진실한 사랑을 느낀단 말인가요. 왜 이제야 시인(詩人)이 된단 말인가요. 눈만 감으면 당신이 그려집니다. 눈만 감으면 당신의 숨소리가 들리는 듯 합니다. 눈만 감으면 나의 영혼은 벌써 당신께 날아가고 있답니다.

이제 당신은 나의 새로운 힘이랍니다. 당신은 나의 새로운 꿈이랍니다. 당신은 나의 가장 좋은 친구가 되었답니다. 아니 당신은 이제 내 인생의 모든 것이 되었답니다. 그래요, 당신과 함께 할 수 있다면, 당신의 얼굴만 볼 수 있다면, 당신의 웃음소리만 들을 수 있다면 나는 더 이상 바랄 것이 없을 정도로 행복하답니다.

내 자신도 놀란답니다. 내가 어느 때부터 이렇게 당신 앞에 어린아이가 되었는지요… 당신 앞에 나는 영원토록 그렇게 철부지가 되고 싶답니다. 그래서 당신 품에 안기고 싶답니다. 내가 잠을 자도 당신은 나를 바라보고 미소를 짓고 있음을 알기 때문입니다."

이렇게 사랑했는데 어느 덧 일상적인 모습으로 색이 바래지고 있었다. 원인을 생각해보니 두 가지가 마음에 걸렸다. 바로 그 내용을 나는 새 부부에게 권면했었다. 그리고 진지하게 자신을 되돌아보는 계기가 되었다. 이렇듯 순수한 사랑이 변질되는 원인은 요구에 있었다. 우리는 살면서 서로의 입장에서 요구하는 것을 당연하게 여긴다. 세상 모든 구원은 분명 자신의 공로가 아니었음에도 언제나 상대에게 왜 요구하는지 모르겠다.

착시를 일으키게 한다는 '루빈의 컵'도 사실은 의식적으로 우리가 통일성과 연속성 그리고 유사성을 요구하기 때문에 생기는 현상이라고 한다. 이번에 자살한 선생님도 학생에게 꿀밤정도의 가벼운 체벌을 했지만 학부모는 많은 보상금을 요구해 괴로워하다가 그만 돌아오지 못할 강을 건너 버렸다. 진정한 사랑은 이렇게 요구하는 것이 아니라 오히려 상대의 필요를 채우는 일이다. 세상에서 사랑하는 사람을 위해 희생하는 그 일처럼 기분 좋고 행복한 일이 어디 있겠는가.

이렇듯 '요구하는 사랑'과 부부처럼 따라오는 녀석이 바로 '조건적인 사랑'이다. 결혼 전에는 여러 조건들을 따져보지만 결혼 후에는 무조건적인 사랑만이 할 일이다. 그 일은 어쩜 한낮 신화에 불과할지 모르겠다. 그것은 모든 사람들은 본능적으로 요구하려하고 또 자기 식의 기준이 있기 때문이다. 그러나 여기서 말하는 조건 없는 사랑이란 길이와 너비 그리고 깊이와 높이를 측량할 수 없는 아가페적인 사랑을 말하는 것이다. 그 사랑은… 모든 것을 견디고, 모든 것을 바라고, 모든 것을 믿어 주는 것이다.

싱글과
결혼

어느 기자는 얼마 전에 결혼한 친구를 만났는데 깨소금은커녕 후회와 불평만 잔뜩 늘어놓았다. 모처럼 밖에 나가도 기다리는 사람이 있다고 생각하니 맘도 편치 않았다. 연락도 없이 불쑥 찾아오는 시어머니, 심지어 방귀나 트림조차 몰래 해소해야하는 등등 좋은 점보다 불편한 점이 더 많다고 얘기했다. 어이없게도 아직 싱글이기에 모든 일에서 자유로워 보이는 기자를 더 부러워했다.

그래도 결혼 후 좋았던 점이 없었냐고 재차 묻자, 어느 날 난데없이 장대비가 내리는데 우산도 없고 부를 사람도 없을 때 남편이 데리러 온 일이라고 했다. 그런데 기자는 그 말을 듣기 전까지는 그 친구가 하나도 안 부러웠는데 갑자기 친구가 진심으로 부럽기 시작했다. 아니 결혼해서 방귀나 트림 참아가며 얻은 것이 고작 남편의 에스코트였단 말인가. 차라리 택시 부르면 되지 그것 때문에 결혼했냐고 어떤 이는 말할지 모르겠다. 결혼은 비 오면 데리러 오는 사람이 필요해서 하는 것이 아닌 것은 결혼해도 폭풍이 몰아

쳐도 데리러 오지 않을 배우자도 많기 때문이다.

결혼에 대한 불편한 진실은 설화만큼 많다. 그럼에도 헤겔은 '결혼'이란 인륜적 관계라는 것에 큰 의미가 있다고 했다. 그것은 사랑과 신뢰를 바탕으로 한 최적의 사회적 형태를 취하고 있기 때문이다. "결혼은 해도 후회요, 안 해도 후회한다"는 옛말과 함께, "결혼 한다고 내내 지옥이 되는 것도 아니고 결혼 안 한다고 내내 천국도 없다"는 격언은 무엇을 의미하는가. 결혼 자체가 행복을 보장해 주지는 않지만 적어도 그 제도를 통해 어떤 자세로 살아가느냐에 따라 천국과 지옥은 만들어 지고 있다고 나는 각주를 달고 싶다.

이전엔 결혼은 자연의 순리처럼 당연한 일로 여겼지만 지금은 선택처럼 여기고 있다. 지인의 딸은 이공계를 졸업한 후 50곳 넘게 문을 두드렸지만 취업에 실패했다. 그런데 어느 날 이웃주민이 그 딸을 중매하겠다며 묻는 첫 질문이 "무슨 일을 하고 있느냐"였다. 이렇듯 불황이 계속됨에 따라 취업이 어려워지면서 결혼은 인륜지 대사가 아니라, 안정된 결혼을 위해 현실적 조건들을 선택하고 싶은 사람이 아무래도 쉽게 접근할 수 있는 미적분보다 어려운 난제가 되었다.

20년 전에 비해 결혼은 35%나 줄어들면서 변형된 결혼문화가 만들어지고 있다. 먼저 결혼을 늦게 하는 '만혼'이다. 이제는 20대 결혼적령기가 자연스럽게 30대, 40대로 옮겨졌다. 다음으론 결혼은 안 하지만 신부 혼자 웨딩드레스를 입고 진짜 예식처럼 결혼

사진을 찍는 '나홀로 웨딩족'이다. 이것보다 더 심각한 것은 '비혼'(非婚)이다. '미혼'은 결혼을 못한 느낌을 주지만 '비혼'은 자기 의지로 결혼을 안 하는 것이 되기에 이 말을 더 선호하고 있다. 하지만 돈 많은 비혼자들을 소개하는 유사한 방송을 보면서 말 그대로 비혼자들은 상대적인 박탈감을 느낄 수밖에 없다.

문제는 자기 성취도가 높은 '골드미스'나 '골드미스터'들의 싱글 라이프가 아니다. 평범한 '노처녀'와 '노총각'들에겐 생존의 문제가 되고 있다. 해가 들수록 그들은 사회적 관심도에서 멀어짐과 동시에 미혼자들이 급증하고 있다. 졸지에 노인층과 함께 우리 사회의 미래를 짓누르는 또 다른 뇌관의 주인공이 돼 버렸다. 어느 싱글이 내게 이런 말을 했다. 이제 보니 자기 주변엔 골골하는 노인밖에 없는데, 자신의 미래도 그들과 크게 다를 바가 없을 것 같다는 것이다. 지금이야 전문적 일을 하지만 그 직장도 연한이 있기에 싱글로 살아야 할 미래를 생각하면 막막하더라고 푸념조로 말했다.

물론 세상에 존재하는 목적이 결혼은 아니라 해도 인생 자체가 함께 함에 있기에 결혼을 깊이 고민하지 않을 수 없다. 인생이란 홀로 사는 것이 아니라, 함께 할 때부터 의미를 부여받는지 모른다. 결혼에 대한 수많은 정의가 있지만 가장 근본적인 의미는 '둘이 하나 됨'에 있다.

젊었을 때는 바쁘고 뭐든지 즐기며 살아간다고 여겼다. 결혼 적령기가 지난 후에는 동호회 활동도 일시적이고 여행도 같이 갈 사람을 구하기가 어려우면서 두려움을 느낀다. 카페든, 극장이든,

식당이든 어딜 가더라도 가족끼리 복작거리는 모습이 부러운데 무엇으로 그것을 대신할 수 있겠는가.

결혼 그리고 인생에 관한 이상과 현실은 단순하다. 닮고 싶은 사람, 함께 하고픈 사람, 같이 여행하길 원하는 사람을 찾지 말고 내 자신이 그런 사람이 될 때 꿈과 현실은 가까운 이웃이 될 수 있다. 그런 사람이 되게 하는 최적의 조건이 바로 결혼이라는 제도라 하는 것은 인생은 둘이 하나 될 때부터 사람 노릇하기 때문이다.

가시밭 인생길 홀로 삶의 도를 알 수 없지만 사람은 인간관계를 통해 스스로 터득해 나가게 된다. 부모를 통해 신뢰와 자신감을 배우고, 친구를 통해 믿음과 삶에 대한 자세를 알게 되지만, 배우자를 통해서는 인생에서 어쩜 가장 중요한 인내와 용서를 배우게 된다. 우리가 추구하는 모든 것도 좋은 관계에서 비롯되고 있다. 좋은 친구를 얻고 좋은 부모 되기를 꿈꾸기 전에 내가 먼저 좋은 사람이 되어야만 내 주변에 좋은 사람들이 모이므로 행복한 인생이 되려면 싱글보단...

함께 하고 싶은 이

한국남자들이 가장 이상형이라고 생각하는 타입은 청순함과 귀여움 그리고 섹시함이라고 했다. 이 세 요소를 다 갖춘 사람이라면 나는 주저 없이 배우 전지현을 말하고 싶다. 적어도 광고에서 비추어진 그녀는 청순하고 귀엽고 섹시한 사람임에는 분명하다. 물론 그것은 어디까지나 연출된 아름다움이지 실제로 그런 모습을 갖춘 사람을 만나기란 결코 쉽지 않다. 하지만 이러한 매력은 사실 한 모습 속에 나타난 세 가지 요소이다. 여자든 남자든 진정으로 청순한 사람은 귀엽고, 귀여운 사람은 또 섹시한 사람이기에 누구든 이 셋 중에 한 가지만 충족된다면 유명인이 아니더라도 그런 사람이 될 수 있다.

사람들은 왜 청순한 사람을 좋아할까. 보통 소녀와 천사 그리고 꽃의 이미지를 청순하다고 말한다. 이 세 가지의 공통점은 깨끗함과 순수함에 있다. 순수하다는 것은 어린아이처럼 아직도 세상 때가 덜 타 자연스럽고 신선한 모습이 남아 있다는 의미다. 그들을 좋아하는 것은 누가 다가가도 부담 없이 받아주고 있는 그대로 인정해주는 겸손함 때문이다. 그들의 겸손은 인위적인 제스처가 아니라 인생의 눈물, 실패 그리고 낮은 곳까지 내려가서 경험하여 얻은 낮아짐이다. 누구라도 품을 수 있고 어떤 허물이라도 용서할 수 있기에 다가가고 싶은 것이다.

물론 나와 다른 이를 품는 일이 어찌 하루아침에 되겠는가. 청순하다는 소리를 듣는다면 자신의 자존심을 내세울 욕심을 이미 처리해야만 가능할 것이다. 어떤 사람은 '순진'을 빈 컵으로, '순수'는 맑은 물이 가득 채워진 컵으로 비유했다. '순진'은 무슨 물이든 들어갈 소지가 있으므로 어리석음을 나타내지만, '순수'는 이미 차 있으므로 더 이상 들어갈 수 없는 깨끗함 자체를 뜻한다. 이렇게 자아 안에 가치 있는 것으로 가득 차 있기에 욕심도 거짓도 없다. 그래서 자기 주관도 분명할 수 있다. 불순물이 섞이지 않은 순수는 어떤 상황에서도 요동하지 않고 언제나 온유함으로 사람을 대하기에 만나는 사람마다 넉넉함을 누리게 된다.

진정으로 아이 같은 순수함과 청순함이 느껴진다면 나이 불문하고 분명 귀여운 모습으로 비춰진다. 청순과 귀여움은 분명 다소 거리가 있음에도 항상 같이 붙어 다니고 데는 이유가 있다. 어린아이를 보라. 그들은 순수함 자체임에 분명하다. 아무 티도 없고 욕심도 없는 그들을 귀엽지 않게 볼 사람이 어디 있겠는가. 아이의 살 냄새 속에 부드러운 감촉은 천사보다 더 아름답고 감미롭기에 품고 싶어 하는 법이다. 물론 외적으로 볼 땐 그들은 한없이 약하게 보이나, 약함 속의 강함이 숨어 있다.

〈바람과 태양〉 이야기처럼 나그네는 강한 바람에는 옷을 벗지 않으나 따스한 태양의 열에 의해서는 옷을 벗는다. 욕심이 없는 이들은 긴장이나 걱정 할 필요가 없기에 무방비 상태 같다. 바로 이것이 세상 어디에서도 경험할 수 없는 따스함과 향기가 되기에 사람을 끌고 품게 한다. 현대사회는 강한 것으로 해결할 수 없는 문제들을 부드러움이 해 내고 있음을 알고 있는가. 섬세하고 감성적인 부드러움이 강한 것을 이기고 있다. 강력한 철을 통한 산업보다는 부드러운 소프트웨어가 세상을 지배한지 오래다. 강력한 카리스마보다는 부드러운 격려와 칭찬이 백배 낫기에 어디 가서나 만나길 원하고 함께 하고 싶은 것이다.

순수한 사람은 이렇듯 욕심이 없기에 귀엽고 아름답게 보인다. 인기 있는 사람들에 대한 수식어는 한결같다. '예쁘다, 귀엽다, 청순하다, 섹시하다.' 그렇게 생각하고 느껴지는 것은 그 단어들이 동의어로 생각할 정도로 상호 연관성이 있기 때문이다. 남북 시대가 지나고 동서 시대가 되었듯, 이념의 시대는 지나고 이제 로맨스의 시대가 왔다. 성을 금기시 했던 때만해도 '섹시하다'라는 말은 나쁜 의미로 받아들였지만 지금은 진취적이고 시대에 적합한 열린 사람으로 인식되고 있다.

하지만 염두 해야 할 일은 그 매력이란 육체의 매혹적인 섹시함이 아니라, 인격적인 청순함과 귀여움 속의 아름다움을 말한다. 그냥 '예쁘다'가 아니라 섹시하다는 것은 센스가 있다는 의미를 내

포하고 있다. “여우하고는 살아도 곰하고는 못산다”라는 말처럼 결혼생활이나 사회생활에서 센스의 중요성은 말할 필요가 없다. 센스 있는 사람은 말 한마디를 해도 분위기가 바뀐다. 상대를 배려하고 끊고 맺음이 분명하다. 사람을 이해하고 유머를 알고 적절하게 반응할 줄 알기에 사람이 붙는다.

이렇게 센스가 있는 사람과 함께 식사를 하면 하늘은 더 파랗게 보이기에 일의 효율성은 두 말 할 필요가 없다. 중요한 것은 이러한 센스는 배워서 되는 것이 아니다. 평소 남을 배려할 줄 알고 늘 배우고 늘 섬기려는 자세가 된 사람에게 나타나는 신의 선물과 같은 성품이다. 그들에게 가장 큰 자산은 사람이다.

CAPTER

02

행복한 관계

공부 이후의 세상

어느 외국인이 한국 친구와 함께 카페에 갔는데 놀라면서 카페는 커피 마시는 곳인데 도서관처럼 공부하는 사람이 많으니 대화하기에 눈치가 보인다고 했다. 정신과 의사 하지현과 사회학자 엄기호의 대담집 〈공부 중독〉에서 이런 카페 공부열기를 꼬집기를 "한국인은 끝없이 공부한 덕에 머리는 똑똑할지 모르나 삶은 멍청하기 그지없다. 남은 잘 평가하면서 정작 자신을 성찰하는 데는 무디다. 시험문제는 잘 풀지 몰라도 삶의 문제를 대처하는 데는 형편없다. 배울수록 무능하고 배울수록 불평맨이 되면서 그 문제를 해결하려 어리석게 또 공부하는 헛똑똑 인생들이다"라고 했다.

우리 주변에 30, 40대가 되었음에도 결혼하지 못한 이들을 쉽게 볼 수 있다. 결혼 이전에 먼저 유학, 취업, 자격증 등을 준비하는 이들이 많아 오래 전부터 카페가 도서관이 되었다. 그 외국인이 이런 우리 사회의 병리 현상을 어찌 이해할 수 있겠는가. 그 책에서는 486세대까지는 자식이 부모보다 잘 되는 경우는 어렵지 않았다. 그 이후론 환경적으론 불가능하기에 오로지 공부를 통해서만 신분상승이 가능하게 되었다. 이런 연유로 우리나라는 공부중독에 빠질 수밖에 없었다고 역설하고 있다. 목적한 바를 이루기 전까지는 청소년들이 오디션 프로그램에 수없는 도전하는 것과 다를 바가 없다. 분명 정규 과정을 다 마쳤음에도 아직도 준비가 안 된 뭔가 부족한 인생처럼 그냥 막연하게 유예된 삶을 살아가고 있는 이들이 대한민국엔 얼마나 많던가.

하지만 딱히 다른 방도도 없기에 취직과 결혼이라는 당면 과제를 성취하려 공부라는 무기를 잡으려고 하지만 놓치는 경우가 허다하다. 그럼에도 오로지 대기업이나 안정된 직종만 고집하며 우회를 용납하지 않고 최적화된 상황만을 유지하려 한다. 자신만의 삶의 방식을 고집하는 동안 캥거루족이 되어 부모는 어느 덧 노후도 없이 나이 먹어가는 캥거루 자식을 봉양하며 살아간다. 자식들은 부모보다 많이 배웠음에도 할 줄 아는 것이 별로 없다.

그들은 공부에만 올인한 덕택으로 공부와 삶은 이미 분리된 채 더 빈약한 삶을 살아가고 있다. 자신도 모르게 삶의 무능력자가 되었건만 이러한 생의 기본적 원리도 잊은 채 살아간다. 막연하게 내일의 파랑새를 꿈꾸며 소중한 시간을 그렇게 소비하고 있는 또 다른 중독자가 되어가고 있다. 그렇다고 이런 그들을 감히 누가 탓하겠는가.

IQ 187인 어느 화성인은 52장 포커카드를 무작위로 섞은 뒤 한 번만 보고선 다시 모든 카드를 다 외웠다. 몇 가지 테스트를 더

해 보았지만 기대 이상의 결과 앞에 혀를 찰 뿐이었다. 하지만 그 좋은 머리를 갖고도 나이 40이 넘었지만 아직까지 결혼은 물론이요, 직장도 없이 일상적 삶을 거부한 채 혼자 수도승처럼 살아가고 있었다. 오히려 높은 IQ는 자기 성에 오랫동안 갇혀있게 했고, 더불어 삶을 방해하는 1등 공신이었다고 했다. 그가 인수분해 해 본 인간은 결국 다 비슷하더라는 결론을 도출했다. 10년 동안 집 안에서만 생활해 온 그에게 너무 뛰어난 뇌는 호기심을 넘어 사고의 능력을 다운시키므로 더 무능한 사람으로 만들어 버렸다.

사실 인생살이에서 얼마나 많은 공부를 했느냐 보다는 어떠한 공부를 했느냐가 더 중요하다. 아무리 머리가 좋고 공부를 많이 해도 삶 속에선 지식을 적용할 줄 아는 능력이 더 중요한 것이다. 공부에 익숙해진 사람들은 '경험'을 가장 두려워하느라 그 천재처럼 '멈춤'에서 한 발자국도 못 나가고 있다. 인생은 공부를 통해서 먼저 배우지만 경험은 알고 있는 지식을 더 온전케 만들어주는 과정이다. 공부에 능한 자들은 인간관계까지 공부를 통해 배우려고 하기에 삶은 갈수록 더 획일화되어 간다. 나다운 맛도 없고 세상사는 멋도 찾지 못하기에 밖으로 나가지 못하고 주저앉아 버린다. 이런 자식들이 늘어가면서 노인문제만큼 심각한 사회문제로 대두되고 있다.

인생은 공부가 전부가 아니라 하나의 과정일 뿐 공부이후에는 노동이 우리를 기다리고 있다. 일하면서 커리큘럼에 없는 인생을 배우게 된다. 세상은 말과 글로써 설명할 수 없고 오직 실습으로만 배울 수 있다. 책상 위 공부는 최대한 빠른 시일 내로 끝내고 세상 속으로 나가야 나를 알고 세상을 알고 인생을 알게 되는 법이다.

이스라엘은 애굽에서 430년 동안 혹독한 종살이를 통해 세상을 배웠다. 그들은 광야 40년을 통해 애굽에서 보지 못한 것을 보고 느끼며, 진정한 '인생'이 무엇인지를 뼈저리게 경험한 이후에야 비로써 가나안에 들어갈 수 있었다. 성공이란 눈에 보이는 무언 가를 성취한 것이 아니다. 삶의 광야를 통과하면서 알게 되는 일상의 감사를 터득해 갈 때 어떤 환경 속에서도 살아 갈 수 있는 것이다. 자녀에게 공부도 중요하지만 광야 같은 세상에선 정직과 겸손이 더 가치가 있다는 것을 알게 해야 한다. 스스로 자신의 미래를 개척할 줄 아는 당당한 인간으로 키우는 것이 더 중요하다는 것이다.

이성과 감성

나를 조금이라도 아는 사람이라면 '이성적인 사람'이라고 평가할 사람은 없을 것 같다. 나는 어떤 일이든 준비 할 때는 철저히 이성적으로 하지만 전달과정에서는 다분히 감성적으로 표현한다. 이러한 감성적인 성품으로 인해 얻은 것은 별로 없고 잃은 것이 더 많았음을 깨닫게 된다. 나는 그것이 싫어서 더 이성적으로 해보려고 하지만 생각처럼 되지 않아 후회할 때가 많았다.

모든 인간은 원래 이성적인 존재임에도 남자나 서양문화 그리고 젊은 사람들은 이성적이라고 평가하기 쉽다. 그 반대 개념의 부류에 대해선 감성적이라고 말한다. 그러나 실제 만나는 사람들의 성향은 이 모든 틀을 떠나고 있다. 감성적인 사람은 다정다감하여 인기도 많고 분위기 파악도 잘한다. 하지만 한 번 감정의 바다에 빠지면 걷잡을 수 없는 단점으로 곤욕을 치룰 때가 많다. 생각도 단순하여 화도 잘 내고 웃기도 잘 한다. 분명 정도 많고 사람 냄새가 나서 좋지만 때론 감정표현이 너무 지나쳐 상대를 피곤하게 할 때도 많이 있다.

그에 반해 이성적인 사람은 감성적인 사람에 비해 세련된 점이 많다. 모든 일을 빈틈없이 하기에 실수도 별로 없다. 웬만한 일에도 감정을 드러내지 않고 미소만 짓는다. 계산도 애매하지도 않다. 그렇지만 너무나 논리적으로 행동하기에 차가운 느낌이 들어 함부로 대할 수가 없다.

버나드 쇼는 세상에 적응하는 '이성적인 사람'과 세상을 자신에게 적응시키려는 '비이성적인 감성적인 사람'이 있다고 했다. 그런데 창조적 아이디어로 혁신적인 발상을 하는 사람은 대부분 '비이성적인 사람'이라고 했다. 그러니 어느 것이 좋고 나쁘다고 말하기는 어렵다. 역사 이래 가인과 아벨계열이 늘 싸움을 멈추지 않듯 감성은 이성을, 이성은 감성을 늘 무시하면서도 서로 그 자리를 노리느라 자신의 모습을 숨기고 있다. 바로 그 모습이 두 얼굴 가진 사람이 되게 한다.

가끔 나도 그것 때문에 혼란스럽다. 나를 좋아하는 사람들은 내 성품과 유사하면서도 전혀 다른 두 모습이 항상 교차된다. 극히 이성적이면서도 극히 감성적인 사람들이 많기에 스트레스가 될 때도 있다. 왜 이렇게 두 얼굴이 공존하며 또 어느 순간에 변신한단 말인가. 처음에는 그 원인이 인격적인 문제라 여겼는데 깊이 생각해보니 요인은 더 단순했다. 그것은 자신의 이익에 따라 두 가면을 쓰고 있었다. 마치 평창 동계올림픽 개최가 코앞에 다가왔음에도 다른 도시도 아니고 평창에 살고 있으면서도 반대하는 사람들이 있었다. 그것은 이성도 감성도 아닌 오직 자신들의 이익의 관점에서 해석하기 때문이다.

감성의 약점은 이성적 논리가 약하기에 감성에 더욱 호소하여 본질을 흐리게 한다. 이성은 가슴이 싸늘하기에 머리로는 옳다고 하면서도 가슴은 '아니다'라는 말을 한다. 어느 대기업 CEO는 회사에서 필요한 사람으로 창의력, 호기심, 경험 풍부한 사람 그리고 '이성적이면서 감성적인 사람'이라고 했다. 이것은 문자적으로 보면 굉장히 모순된 것 같지만 사실은 그 둘은 손의 겉면과 내면의 다른 모습일 뿐이다. 이성과 감성은 적대관계가 아니라 동역관계다. 감성적인 사람은 냉철한 이성적인 사람과 협력해야 하고 이성적인 사람은 감성적인 사람의 도움을 받아야 한다. 머리를 이성으로 비유하고 가슴을 감성으로 비유할 때 어느 것이 더 선하고 악하다고 말할 수 있겠는가. 둘 다 필요하듯 내 모습처럼 옆 사람도 두 모습이 공존한다.

그런데 이상하게도 세상은 갈수록 감성적으로 변해가고 있다. 어떤 학자는 그 원인을 이렇게 분석했다. 이성적인 사고를 갖게 하는 신문이나 책 등은 보지 않고 가슴에 직접 와 닿는 영상매체를 많이 보느라 감성적인 사람이 되어간다는 것이다. 그 말대로 요즘 광고들은 감성적으로 접근한다.

"딸의 인생은 길다", "내 피부 속에 남자가 숨어있다", "나를 만드는 것은 결국 나 자신이다." 이것은 이성보다 감정에 호소하는 것이 더 설득력이 있음을 잘 알기 때문이다. 그래서 취직은 IQ로,

승진은 EQ로 결정된다고 한다.

지금 이 시대는 지적이고 이성적인 사람보다는 정서적으로 안정된 감성적인 사람을 요구한다. 흔히 성공했다는 사람들은 지능이나 환경이 좋은 사람이 아니라 정서적인 능력이 뛰어난 사람들이었다. 그러나 짚고 넘어가야 할 일은 감성적인 사람과 감정적인 사람은 차이가 있다. 감정은 외적으로 볼 때는 감성적으로 보이나 감정을 제대로 조절하지 못하고 바로 표출하기에 현대사회에서 적응하기가 힘든 스타일이다. 감수성이 높은 사람은 어떤 일이든지 열정적으로 일하고 감각이 뛰어나 다른 사람의 개성을 빨리 파악하여 누구와도 잘 사귀기에 대인관계가 원만하다.

하지만 감수성이 아무리 높아도 의지력이 약하면 역시나 감정적인 사람과 다를 바가 없게 된다. 아무리 참신하고 감수성이 뛰어나도 자신을 제어할 힘이 없다면 좋은 달란트들이 빛을 볼 수가 없다. 그러므로 모든 사람에게 잠재되어 있는 이성적이고 감성적인 부분들을 조화를 이루며 계발하는 지혜가 요구되어진다. 곧 이성을 통하여 구체적인 시나리오를 짜고 감성지수를 높여 열정으로 일하고 원만한 관계를 맺는다. 머리에서는 실력을, 가슴에는 인간성이, 그리고 손과 발에는 실천력이 있는 바람직한 삼위일체적 사람이 되어야 한다.

잡으라!
그러나 즐겨라!

나는 어느 날 우연히 '카르페 디엠'이라는 간판을 두 번이나 봤다. '카르페 디엠' 은 '지금 이 순간을 즐겨라'로 번역되는 라틴어다. 원래 이 말은 <죽은 시인의 사회>영화에서 키팅 선생이 학생들에게 미래라는 미명하에 현재의 낭만과 즐거움을 포기하지 말고 오늘 이 순간이 무엇보다도 중요하다고 일깨워 주는 말로 사용되었다. 하지만 같은 날 보았던 두 곳의 해석은 달랐다. 카페에선 '오늘을 잡아라!'로, 술집에선 '오늘을 즐겨라!'라고 써 놓았다.

나는 업주들이 왜 그렇게 설명 해 놓았는지 알 듯 했다. 결국 인생은 '오늘을 즐긴다!'라는 마음으로 살아가는 자와 '오늘에 충실하자!'라는 자세로 살아가는 두 종류가 있는 듯하다. 갈수록 '오늘을 즐겨라!'로 해석하길 좋아하기에 '카르페 디엠 증후군'까지 생겨나고 있다.

양극화와 다원화된 시대 속에 현대인들은 불확실하고 불투명한 미래보다는 현실에 집중하는 이른바 임시(ad-hoc)세대가 늘어나고 있다. 시간의 가치도 현재 지향적으로 변하고 있는 중이다. 목돈이 생기면 집보다는 자동차를 구입하겠다는 젊은이들이 늘어가고 있다. 심리적으로 미래보다는 현재에 투자하고자 하는 애드호크(임시) 세대의 심리와 라이프스타일을 반영하고 있다는 것을 알 수 있다.

이미 카톡 표시창이나 블러그나 미니홈피의 대문 글로 '카르페 디엠'으로 도배한 곳이 심심찮게 많다. 물론 광고판까지 들어온지 오래다. 얼마 전에 현대자동차의 새 광고가 공개되었는데 "OOO와 함께 죽기 전에 꼭 해보고 싶다"는 버킷 리스트(bucket list)들이 나열되면서, '오늘을 잡아라'는 말과 'CARPE DIEM'음성과 문구가 마지막을 장식했다. 지금 하지 않으면 평생 할 수 없고 더불어 그 일로 평생 후회한다는 메시지는 생각만 한 채 실행하지 못하는 우리들에게 '오늘을 즐겨라!' 혹은 '오늘을 잡으라!'라는 의미와 잘 매치되는 광고라는 생각이 들었다.

결국 세상에는 오늘에 충실한 인생과 함께 오로지 오늘을 즐기는 인생이 있다. 어느 것이 옳은가를 따지기 전에 먼저 오늘을 잡는 인생만이 현재를 즐길 수 있기에 오늘을 사랑하고 충실하게 사는 것이 지혜라 할 수 있다. 우리는 언제 죽을지 모르기에 내일은 내 시간도 아니며 안 올 수도 있다. 오늘이 내 인생의 마지막이라는 마음으로 살아야만 오늘도 잡을 수 있고 내일은 따사로운 햇살을 기대해도 부끄럽지 않을 것이다. 만약 오늘이 마지막이라고 생각한다면 어떻게 살겠는가. 하루하루가 감격스럽고 만나는 사람들이 내 가족같이 친근하게 느껴질 것이다. 어떤 일이든 기쁨이 샘솟고 의무가 아닌 자원하는 마음으로 일하다 잠자리에 들곤 할 것이다. 눈을 떠보니 또 하루의 해가 방끗 웃는다면 삶을 덤으로 생각하고 감격하며 살아가지 않겠는가.

물론 말이 그렇지 날마다 자신이 죽는다고 생각하며 산다는 것은 쉽지 않은 일이다. 그러나 그런 생각을 하고 사는 것과 전혀 생각 해 보지 않는 사람과는 인생 자체가 다르다. 오늘이 마지막이라 여기는 자는 '다음에 가자', '다음에 보자', '다음에 하자'라는 내일의 파랑새에 속아 넘어가지 않을 것이다. 오늘이 마지막인데 내일로 미룰 일이 어디 있으며 미혹당할 일이 있겠는가. 결국 오늘을 충실하게 살든 탕진하든 모든 것은 마음먹기에 달려있다. 대부분 이 진실을 모르고 있기에 행복하다고 여기는 사람이 적은 모양이다.

헬렌 켈러는 3중고 장애를 갖고 살았지만 "내 평생에 단 하루도 불행한 날은 없었다"라고 술회했다. 반면에 세상을 정복했던 나폴레옹은 "내 생애 중 단 1주일도 행복한 적이 없었다"라고 귀향 중에 고백했다.

이들을 통해 인생이란 환경이 아니라 마음가짐에 따라 희망과 좌절로 나누어진다는 것을 알 수 있다. 마음먹은 사람은 이처럼 내일을 두려워하지 않고 오늘에 충실한 삶을 살면서 먼 미래보다 오늘 현재를 즐길 줄 아는 사람들이다. 하지만 대부분 너무도 막연하게 '...하면 행복해질 거야'라는 조건부 행복의 환상을 따라가다가 나이 들어서야 비로써 깨닫게 된다. 어느 데이터에 의하면 경제적으로 부유하면 행복해 질 것이라 생각하지만 실제로 그것을 얻었다 해도 과거에 비해 덜 행복함을 느낀다고 했다.

그들에게 가장 큰 실수는 오늘 이 순간이 결정적으로 가장 중요한 시기로 여기지 않고 오로지 목적을 위해 아무 기쁨도 없이 기계적으로 하루하루를 채워나가고 있다는 것이다. 외적인 어떤 조건보다도 내게 주어진 하루만큼만 소중하게 여기고 아름답게 채워나가며 감사의 마음으로 살아가는 사람이라면 오늘 죽어도 두렵지 않을 것이다. '감사'(gratitude)라는 단어는 은혜(인생의 아름다움을 아는 것)를 뜻하는 라틴어 'Gratia'에서 비롯되었다.

오늘 감사할 줄 안고 현재를 즐길 줄 안다면 그가 진정한 인생의 성공자요, '카르페 디엠'의 원래 의미처럼 오늘을 잡고, 즐기는 자로 살아가는 지혜로운 인생이라 할 수 있다. 그런 의미에서 단지 노력하는 사람은 즐기는 사람을 이길 수가 없다.

"Life is more important that enjoy than seize."

인간과 드론

손님과 함께 카페에 갔는데 어느 가족이 마당에서 드론을 조종하고 있었다. 가족끼리 드론을 즐기는 모습이 처음인지라 한참 동안 그들을 바라보았다. 그날 저녁 뉴스에 어느 지자체에서 '드론(Drone)영상 사진 공모전'을 개최한다고 전했다. 드론을 갖고 숨어있는 비경과 문화유산을 찾아내 제작한다는 미션이었다.

미래학자 토마스 프레이는 앞으로 5년 안에 20억 개 일자리가 없어질 것이라고 예언했다. 이를 대신할 첫 번째 직업 재창출기술로 '드론'을 꼽는 것은 우연한 일이 아니다. 4차 산업혁명은 첨단 정보통신기술이 경제와 사회 전반에 융합되면서 3D프린터, 로봇공학, 무인자동차 등이 거론되고 있다. 그중에서도 '드론'을 미래 유망 신산업 중 으뜸으로 꼽는 것은 드론의 활용도가 계속 발전하기 때문이다.

드론은 제한적으로 사용했던 하늘을 누구에게나 2.5차원의 생활을 가능케 했다. 전년도에 비해 30% 넘는 성장이 예견될 정도로 황금 알을 낳는 거위라 평가받고 있다. 드론은 앞으로 우리 삶에 어떤 변화를 안겨주게 될까. 우린 아직도 드론을 장난감 정도로만 생각하고 있다. 하지만 시진핑 주석도 중국 산업 경쟁력의 하나로 드론을 꼽을 정도로 드론은 신산업 중심에 설 것이 분명하다.

이젠 싫든 좋든 드론이 얼마나 가까이 우리 곁에 와있는지 〈4드론 인생〉이 생겨났다. '4드론'은 게임에서 상대가 일꾼을 늘리고 있을 때에 급습하여 게임을 끝낼 때 쓰는 용어다. 이것은 남들 대학교 갈 때 고3부터 공무원 시험 준비하는 학생을 가리킨다. 그들은 남 보다 한 발 빨리 취업하고 안정적인 삶을 살지 몰라도 그 뒤론 더 이상 뭐가 없다는 의미로 사용되고 있다.

드론은 하늘을 날지만 사실 하늘보다 더 중요한 것은 땅임에도 많은 사람들이 마땅한 과정들을 무시하고 결과만 낙관하고 있다. 게임에서는 그 일이 가능할지 모른다. 인생은 '4드론'이 통하지 않는다는 것은 인생에서 지름길이란 존재하지 않기에 정도가 가장 빠른 길이다.

인생이란 하루하루 열심히 경험하며 살아야만 확신할 수 있는 일이 얼마나 많던가. 날마다 땀 흘리면 서서히 자신도 모르게 내면의 변화가 오면서 외형도 바뀌지기 시작한다. 희망과 환상은 종이 한 장 차이다. 작은 조짐에도 주식이 오를 때 '이번에는 달라'(This time is different)라는 네 단어만큼 큰 손해 보는 일도 없다고 월가에선 격언처럼 쓰고 있다고 한다. '감이 좋다'식의 감성적 접근이 아닌 '이번에도 같아'(This is the same again)라는 자세로 평소 하던 대로 성실하게 살아갈 때 어느 순간 드론이 아닌 때가 되어 하늘을 담은 마음의 소유자가 되어 복의 근원이 될 것이다.

하늘을 나는 인간의 꿈은 그리스 신화에서도 나와 있었다. 하늘을 날았다는 전설은 이제 초음속 비행기까지 개발되면서 돈만 있으면 우주여행까지 가능한 세상이 되었다. 이제 드론을 통해 하늘을 나는 간접비행이 가능해지면서 드론은 사람들에게 또 다른 꿈을 주었고 반려 견처럼 친구가 되기도 했다.

하지만 그런 드론을 조금만 살펴보면 구조적으론 파리보다 엉성하기 짝이 없다. 드론의 시작과 끝은 오로지 배터리에 달려있다. 그들은 선천적으로 심장을 갖고 태어날 수 없기에 비행하기 전 배터리 수치를 확인했지만 비행 중 배터리가 부족하다는 사인이 뜨면 무조건 레버를 당겨야만 추락하지 않는다. 드론 유저들은 "나는 드론을 조종하고 드론은 나를 조롱한다"라는 문장이 늘 머리에 맴돈다고 한다. 드론은 분명 4차 산업혁명을 이끄는 축의 하나가 되었다. 덕분에 어느 순간부터 그 로봇에 노예가 돼버린 자신을 발견하며 무슨 생각을 하게 될까.

여기에 비해 파리는 애초부터 배터리가 필요 없는 심장을 달고 날아다닌다. 극소형 파리 로봇도 날개는 1초당 150회를 움직이나 파리는 1초에 200회나 날개를 펄럭거리고 U자형 선회도 할 수 있다. 그들은 파리채가 나타나면 날아오르기 전에 벌써 어느 방향으로 날아갈지 알고 있다. 어려운 자세를 연속해서 바꿔가는 비행기술은 과학자도 부러워하고 어부는 생선에 붙어있는 파리를 잡지 못해 분히 여긴다. 파리를 영어로 '플라이'(fly)라고 하는데 이것은 '날다'라는 플라이(fly)와 철자까지 같다. 만물의 영장인 인간은 우주까지 날아가면서도 파리하나 따라잡기 어렵다.

물론 인생에서 파리 잡는 일이 뭐가 중요하겠는가. 파리를 과학에 어찌 비교하겠는가. 다만 과학은 사람의 일은 대신할지 몰라도 인간의 마음은 어찌하지 못한다. 멈춰야 보인다고 과학이 아무리 발달해도 과학이 아닌 인간 본연의 눈을 떠야 세상이 보인다. 드론이 세상을 아무리 내려 봐도, 감각을 넘어, 이성을 넘어, 경험을 넘어 진정한 자아를 바라봐야 파리보다 못 날아도 하늘을 바라볼 수 있게 된다.

First in,
Last out

강릉 석란정에서 소방관들이 잔불 정리 중 정자가 무너져 목숨을 잃었다. '경포'(鏡浦)는 '거울처럼 맑은 포구'라는 의미로 옛날에는 경포호수가 바다와 이어져 배를 탈 수 있었다. 그곳에 경포를 내려다보는 여러 정자들이 있었다. 물론 이런 역사적 의미를 부인하고 싶지 않지만 두 사람이 신의 부름을 받았음이 가슴 아팠다.

신문에는 "두 사람은 결국 'First in, Last out'을 실천했다" 라고 나왔다. 아무리 소방관이라도 불길 속을 먼저 들어가고 제일 늦게 나온다는 것은 쉽지 않았겠지만 한 사람이라도 더 구조하려고, 하나의 불씨라도 더 정리하려고 그랬던 것이다. 유럽이나 미국에선 소방관은 존경받는 직업 1위를 차지한다. 우리나라에선 아직도 일도 위험하고, 진압 장비도 노후 되었고 인력까지 부족하여 매년 7명씩 순직한다고 하니 누가 어릴 적 소방관 꿈을 간직하고 있겠는가.

'First In, Last Out'는 소방관들만의 슬로건이 되어서는 안 된다. 모든 리더들은 'FILO' 문구를 가슴에 새기고 실천해야 소속된 모임이 산다. 몇 년 전 '세월호' 현장에선 지휘자도 없었고 리더십도 존재하지 않았기에 많은 희생자가 생겼다. 현실은 더욱 리얼하다. 중요행사장이나 음식점에서 VIP들은 여전히 'Last in'이지만, 나갈 때는 'First out'을 활용하고 있다. 지도자가 'First out, Last in'만 있을 뿐, 소방관처럼 'First in, Last out'가 없다면, 그 조직에서 무슨 희망을 찾겠는가.

에베레스트 최초 등정자 에드먼드 힐러리는 역경에 빠져 출구가 안 보일 때 '새클턴 리더십'을 달라고 기도했었다. 세계 최초 남극대륙 횡단을 위해 27명 대원들과 출발했지만 배가 난파되어 634일 동안 처절한 투쟁 끝에 전원 무사 귀환할 수 있었던 드라마에서 '새클턴'이 있었다. 반면 비슷한 시기에 스테판손의 북극탐험대는 빙벽에 움직일 수 없자 대장은 혼자 살겠다며 도망을 쳤고 남은 대원들은 탐욕스런 사람들이 되어 11명 모두 차가운 북극 땅에서 죽음을 맞이하고 말았다.

두 탐험대는 비슷한 시기에 비슷한 위험에 노출되었지만 대장들의 'FILO'와 'LIFO'정신에 따라서 결과는 달랐다. 새클턴은 배가 침몰되면서 '남극횡단' 목표는 '전원 무사귀환'으로 바뀌었다. 자신의 비스킷까지 대원들에게 주면서 끊임없이 한 사람도 빠짐없이 돌아간다는 메시지를 주었다. 대원들이 그것을 신뢰했던 것은 어떤 상황에서도 그가 헌신한 것을 이미 경험했기 때문이다. 결국 남극횡단과 비할 수 없는 전원 무사귀환이라는 쾌거를 이루었기에, 사람들은 후에 '최고의 배'(Ship)는 '리더십'(Ship)이라고 말했던 것이다.

리더의 덕목이 'First In, Last Out'이라고 하지만 '먼저 들어온 사람이, 나중에 나간다'는 말은 이해하기가 어렵다. 포도원지기 스토리에도 하루 일을 끝내고 품삯을 줄 때 가장 나중에 온 일군이 가장 먼저 받고, 가장 먼저 온 일군이 나중에 받았다. 더 어이없는 일은 먼저 온 자나 나중 온 자나 똑같은 품삯을 받았다.

먼저 뽑혀와 일하는 종들은 건강한 자들이지만 늦게 온 종일수록 보기에도 시원치 않는 자들이었다. 그들도 하루 품삯으로 처자식 부양해야 하는데 시간이 지날수록 팔려 나가지 못하자 속은 시꺼멓게 타들어갔을 것이다. 차라리 새벽부터 일하는 것이 낫지 부름을 기다리는 상황은 일보다 백배 천배 더 고통스러웠을 것이다. 막판에 그런 자신을 불러주었으니 남은 시간동안 얼마나 고맙고 감사한 마음으로 일했겠는가.

주인은 '누가 더 많이 일했는가?'라는 사실 보다는 '누가 더 감사한 마음으로 일했는지'를 안다. 먼저 온 자, 곧 남보다 좋은 조건에 있는 사람은 더 일했다고 불평하지 말고 오히려 늦게 온 자들을 헤아려 위로하고 연약한 그들을 바르게 돌볼 책임이 있다. 이것이 바로 지도자의 역할이다. 그렇지 않으면 "먼저 된 자가 나중 되고, 나중 된 자가 먼저 된다"라는 말의 주인공이 되어 버린다. 아니 이건 또 무슨 말인가. 왜 먼저 된 자가 나중 되고, 나중 된 자가 먼저 된다는 것인가?

먼저 온 자는 나중 온 자보다 우등하고 더 노력했기에 먼저 된 자가 되었다고 생각한다. 세상은 마치 성과와 경쟁만 있는 듯 업적을 위해 혼신의 힘을 다하는 동안 인간미도 없어지고 인격은 점점 더 메말라간다. 남을 판단하고 무시하느라 나중 온 자는 친구로 여기지도 않는다. 어느 순간에 먼저 왔음에도 나중이 되어버린 기막힌 현실 앞에서 비로써 잘못된 인생을 살았음을 깨닫게 된다.

그러므로 먼저 왔다고 먼저 가지 말고, 먼저 왔음에도 나중에 가야하는 이유가 있다. 먼저 온 자는 이미 많은 혜택을 받았기에 롱런하면서 주어진 장점을 잘 활용하려면 늦게 가는 책임과 겸손만이 연약한 자와 윈-윈 할 수 있는 유일한 길이기 때문이다. 'First out, Last in', 'First in, Last out', 이 중에 어느 것을 선택하느냐에 따라서 나중 된 자가 될 수도 있고 나중에 왔음에도 먼저 된 자가 될 수도 있다. 먼저 왔다는 좋은 장점에도 불구하고 나중 온 자의 연약함 속에서도 뒤 떨어진 자가 된다는 것이다. 그러므로 먼저 왔으나 나중 된 자의 몫까지 감당하겠다는 자세로 감사한 마음으로 일해야 먼저 온자임에도 나중에 나갈 수 있게 된다.

겁 많고 비겁한 남자

여자들이 제일 싫어하는 남자는 우유부단하고 비겁한 사람이다. 적어도 스물 살 때까지는 자신만만했는데 그 이후론 비겁해지기 시작한다. 지금 이 세상은 남자들이 비겁하지 않고는 살아갈 수 없는 이상한 나라가 된지 오래이다. 계속되는 경제 불황으로 주머니는 얇아지고 직장인들은 언제 명퇴당할지 몰라 노심초사하고 있다. 사람은 누구나 힘이 없으면 비겁해 진다. 더욱이 남자는 처자식이 생기고 나이가 들수록 데이트할 때의 패기는 사라지고 치사할 정도로 비겁한 사람이 되어간다.

남자는 가족을 위해서 현실에 순응하는 것이 행복의 길에 가깝다는 것을 안다. 그들은 오늘도 권력과 돈 앞에 비굴해지고 있다. 미국의 유명 정치인이 정당 연설에서, “I call them girlie men”이라고 말했다. ‘girlie men’란 여성의 특성을 지닌 남자를 가리키는데, 이 시대 남자들은 정말로 소심하고(timid) 약하고(weak) 겁많은(afraid) 사람들이 되어가고 있다. 남자가 여자 보다 명이 짧은 이유가 무엇인가.

먼저 가장 잘 알려진 학설은 염색체의 강인성이다. 다음으로 면역체계가 여성이 더 늦게 노화된다고 한다. 하지만 이것보다 더 근본적인 원인은 공격적인 성향에 있다. 우선 미국에서 사망원인 15가지 중 알츠하이머 병만 빼고 자살이나 타살 그리고 간경화로 죽는 확률은 남자가 여자의 2배라고 한다. 홍수 때도 말 안 듣고 가다가 번개에 두 배나 많이 죽고 담배, 술, 마약, 안전벨트 미착용, 오토바이 등으로 날마다 명을 재촉하니 여자보다 먼저 죽는 것은 당연한지 모르겠다.

남자는 강한 것 같으나 넥타이 하나만 칭찬해도 우쭐대는 단순함이 있다. 여자보다 불리한 조건에서 살면서도 "남자는 일평생 세 번 운다"라는 말을 교리처럼 믿기에 울지도 못한다. 이제 보니 그들은 오늘도 처자식을 생각하느라 비굴함까지 감수하며 A형이 되어가고 있다.

남자들이 그럼에도 비겁하지 않게 살아가는 방법은 무엇보다도 소유에 자유가 있어야 한다. 현대사회는 소유를 갖고 사람을 평가하다보니 수단 방법 가리지 않고 더 많이 가지려고 한다. 누구나 열심히 일하면 돈을 벌 수 있는 것은 현대사회의 자본주의를 발전시켰지만 개인주의와 소유권에 대한 집착이라는 문제를 일으켰다.

〈소유와 존재〉에서 E. 프럼은 모든 사회문제는 근본적으로 소유에 대한 집착에 있다고 말했다. 그는 안식일 비유를 통해 소유에 얽매이지 않는 사람만이 진정한 존재의 의미를 갖고 있다고 했다. 어느 철학자는, “알맞은 정도로 소유하는 것은 인간을 자유롭게 하지만 도가 넘으면 소유가 주인이 되고 소유하는 자가 노예가 된다”라고 경고했다. 그러므로 ‘소욕지족’이란 말처럼, 작은 것과 적은 것에 만족할 줄 아는 것이 축복인 셈이다.

소유에 자유하려면 단순하게 살아야 한다. 세상은 점점 더 빠르고 복잡하게 돌아간다. 인생이 힘들게 느껴지는 것은 무엇이 부족해서가 아니다. 너무 많은 것을 가졌기에 생긴 일이다. 최근 들어 ‘느리게, 단순하게’라는 말이 가슴에 더 깊이 스며든다. 우리의 삶이 그만큼 복잡하기에 그런 단어들이 친근하게 다가오는 것이다.

단순하게 산다는 것은 자기 자신을 들여다보면서 자신이 아닌 것을 버리고 자신에게 진실해지는 삶이다. 어리석은 토끼보다는 조금 느리더라도 지혜로운 거북이가 되자는 것이다. 편리하고 멋있는 인위적인 문명을 벗어버리고 맛도, 멋도 없다 해도 자연스럽게 사는 생을 말하는 것이다.

이 세상 그 누구도 나를 대신하여 살아 줄이 없기에 가식 없이 단순하게 살아가려면 먼저 욕심을 내려놓아야 한다. 타인을 용서하지 않고는 그런 삶이 불가능하기에 기도가 필요한 것이다. 그것이 부끄러움 없는 꿈을 만든다. 이것은 자존감이 있는 사람만이 가지는 진실한 마음이다.

사람은 꿈이 있을 때에는 부끄러움을 알고 비겁한 짓을 하지 않는다. 어떤 사람이 자신을 보고 멋있다고 말했다면 그것은 외적인 모습보다는 꿈을 갖고 열정으로 일하는 모습을 보고 한말임에

틀림이 없다. 내가 존경하는 사람들은 환경보다는 꿈을 언제나 품고 살았기에 어떤 절망 속에서도 다시 일어나서 오늘의 그런 사람이 된 것이다.

무엇인가를 잘 하는 사람보다 더 멋있는 사람은 무엇인가를 잘 할 수 있다는 꿈을 가진 사람들이다. 꿈은 평범한 것을 특별한 것으로 바꾸어주는 매직이다. 꿈은 부정적 것을 긍정적으로 바라보게 하는 능력이다. 꿈이 있는 자는 자신을 믿으므로 언제나 최선을 다하기에 비겁하지 않고 당당하게 살아갈 수 있다. 운명은 용기 있는 자 앞에는 약하고 비겁한 자 앞에는 강하다. 꿈이 있는 자는 결코 운명에 자신의 삶을 맡기지 않는다. 꿈이 있는 자는 오직 오늘 이 순간이 내일이라고 믿고 승패보다는 과정에 충실하고 최고보다는 최선을 다하는 사람이다.

5%
다른 것

이사하면서 아내와 여러 번 다투었다. 보다 못한 작은 딸이 내게 훈수를 둔다. "아빠, 이제 그만 싸울 때가 되지 않았어?" 결혼 후 몇 년 동안은 이사를 연례행사처럼 했지만 이번에는 20년 만에 하는 이사라, 정리 할 짐이 많아지면서 의견충돌이 잦았다. 사소한 것을 갖고 다투는 모습이 딸의 눈에도 한심스러웠듯이 나도 아내와 이렇게 서로 생각이 다르다는 것에 새삼스럽게 놀랄 뿐이었다. 어느 책에 보니 남자와 여자의 차이는 5% 정도밖에 안 된다고 했는데 우리는 5%가 아니라 95%가 다르듯이 싸운다.

'5'라는 숫자는 별 것 아닌 것 같으나, 그것은 본질까지도 흔들리게 할 큰 수치다. 1도가 부족해 99도에서 물이 수증기가 될 수 없고, 2%가 부족할 때부터 사람은 갈증을 느끼고, 3%의 염분이 바닷물을 짜게 한다. 4%의 차이로 성공자와 실패자가 구별된다는데, 5%가 어찌 작은 차이가 되겠는가. 이렇게 남녀 간의 차이가 크기에 되도록이면 유사한 사람을 만나면 좋으련만 실제 부부들은 거의 반대끼리만 만나고 있다. 그 원인이 무엇인지 곰곰이 생각해보았다.

"부부는 원수끼리 만난다"라는 말도 있지만, 서로 다른 사람끼리 만나는 일은 자연의 섭리 중의 하나다. 사람은 당연히 서로 다를 수밖에 없다. 서로 다른 환경에서, 다른 사고방식을 형성해 왔기에 성격뿐만이 아니라 인생 자체가 다른 것이다. 오히려 다른 것이 자연스럽고 서로 다른 사람끼리 만나는 것이 순리이다. 이러한 너와 나의 차이를 인정하지 않은 채 모든 것을 자신의 시각에서만 판단하고 내 기준에만 맞추려다 보니 불편하고 고독한 삶이 되어 가는 것이다.

우리는 자신과 성격이 유사한 사람을 만났으면 하지만 처음엔 그것이 좋을지 몰라도 얼마 가지 않아 상대를 너무 잘 알기 때문에 곧 짜증을 낼 것이다. 나와 다름을 인정한다는 것은 진실한 사랑으로 가는 첫 발걸음도 되지만 서로에게 큰 힘과 유익이 되는 길이기도 하다. 작은 사람은 큰 사람을 좋아하고 소심한 사람은 활달한 사람을 좋아한다. 감성적인 사람은 합리적인 사람을 좋아한다. 결국 좋아하는 상대 안에는 자신 안에 없는 것을 채우려는 보완성의 원리가 숨겨 있다.

세상엔 공짜가 없다. 나와 다름으로 인한 아픔들은 자아 성찰이라는 보너스가 주어지게 된다. 우리는 사람을 크게 좋은 사람과 나쁜 사람으로 분류하지만 내 관점에선 나를 잘 이해 해주는 사람과 나와 잘 맞지 않는 사람으로만 구별해야 한다고 생각한다. 평생 나와 맞지 않는 5% 때문에 95% 에너지를 다 쏟아야 한다는 것은 우리 생이 너무도 짧다는 생각밖에 안 든다. 세상엔 좋은 친구란 없다. 다만 자신이 좋은 친구가 되어갈 때 좋은 친구는 생긴다. 흔히들 '다르다'와 '틀리다'는 것은 별개 문제임에도 나와 다른 사람을 틀린 사람, 곧 나쁜 사람으로 규정지어 쓸데없는 소모전을 펼칠 때가 얼마나 많던가.

하지만 잘 생각해보면 나와 다른 사람과의 만남은 자신을 바로 알고 자신에게 없는 또 다른 세계를 경험할 수 있는 좋은 기회이기도 하다. 식성이 좋다는 사람도 은근히 음식 가리는 것이 많듯이, 성격 좋다는 사람도 사람 가리는 경우가 얼마나 많던가. 이렇게 나와 다른 삶을 알아 간다는 것은 나 자신을 바로 알아 가는 과정이다.

인간의 미숙함이란 타인에게 내 생각이 모두 옳다고 보기 때문에 내 생각대로 움직여 줄 것을 요구할 때 드러난다. 조물주가 모두를 다르게 지으심은 모든 사람은 의미가 있는 존재임을 계시한 것이다. 내가 존귀하다면 다른 사람도 소중하다는 것을 아는 자가 성숙한 사람이라 할 수 있다. 마지막 순간까지 동반자와 서로의 틀에 맞춰지지 않는다고 괴로워한다. 한평생 걸어온 발자국마다 애증과 둘만의 향기가 있기에 상대를 통해 나를 돌아볼 수 있다.

인생은 알아가는 것이다. 5% 다름으로 세상의 이치를 알고 자신의 한계를 알게 된다. 결국 이 모든 것이 신의 축복임을 늦게 서야 알아가면서 인생은 여유를 갖게 된다. 사람은 자녀를 낳기 위해 결혼하고 또 서로 싸우려고 결혼한다는 말이 있다. 살을 맞대고 살아가는 부부도 관점의 차이로 빈번하게 다투는데 하물며 남과는 어떠하겠는가. 내 입장에서만 보면 상대가 이상하고 상대가 날 볼 땐 내가 이상하게 보인다. 서로 간에 느껴지는 차이란 그 존재의 존엄성과 함께 서로가 서로를 필요로 하기에 생겨난 불가피한 인식들이다.

새 신발을 신어도 뒤축이 벗겨지는데 어찌 다른 영혼과 발맞추어 살아가는데 아픔과 상처가 없을 수 있겠는가. 갈등하면 사랑이 없다는 식의 논리는 서로 다른 만남을 통해 서로의 이기주의를 극복하고 하나가 되기 위한 훈련의 과정이라는 것을 모르기 때문이다. 사랑해도 갈등은 있고 사랑하지 않아도 갈등은 불가피하다. 인간이란 본시 지극히 이기적이고 한계적인 존재이기 때문이다. 세상엔 완전한 사람이 없기에 오늘도 서로 싸우지만 그것을 인정할 때부터 서로가 다른 것은 축복이 되고 혼자와 비할 수 없는 큰 능력이 됨을 알게 될 것이다.

잃어버린 남자의 진실

토요일마다 신문에서 책을 소개하는 코너가 있는데 지난주에는 '세상의 모든 문제를 일으키는 족속, 남자'라는 독특한 주제로 〈남자, 그 잃어버린 진실〉을 소개했다. 나는 공감과 함께 제목대로 남자의 진실을 전해야 한다는 사명감까지 들었다. 세상에는 소중한 것임에도 무심코 그 가치를 망각하며 살아가고 있는 일이 많다. 그 중에 하나가 남성들의 삶이다. 남자들의 의무감에는 대해선 모두가 인정하면서도 그들의 삶이 얼마나 가치 있는가에 대한 진실은 왜곡된 채 살아가고 있다. 다만 그들이 행복하지 않고는 가정이나 사회가 행복할 수 없기에 진실을 알아야만 한다.

먼저 남자들의 우울증이다. 그들은 치열한 경쟁에 스트레스를 받지만 속내를 털어놓지 않고 가정을 지키기 위한 겉치레와 허세가 많다. 자녀들은 이러한 아버지를 오해하고 미워하며 평행선을 달리고 있다. 이러한 우울증보다 더 큰 문제는 폭력에 있다. 폭력사건의 90% 이상이 남자고, 전범들과 테러리스트 대부분도 남자들이다. 학교에서도 행동 장애 90%가 남자다. 이혼의 80%가 여자가 먼저 요구한다. 또 자살률도 남자가 4배나 높다. 이런 연유로 남자는 실패하기 쉽기에 늘 스스로 실패자라는 망상에서 못 벗어난다. 아버지 역할은 기대도 못한 채 기계 속 톱니바퀴 같이 쉬지 않고 일을 하지만 실패한 인생이 되기가 쉽다.

도대체 왜 남자들에게 이런 문제점들이 드러나고 있을까. 먼저 핵가족 시대의 부산물이다. 산업화는 역사상 가장 큰 사건이지만 아버지로선 피곤한 일상이 되면서 아비 노릇이나 남편 역할을 더 어렵게 만들었다. 산업화는 아버지의 본질적인 역할을 상대화시켰다. 또한 잘못된 남성상 교육 때문이다. 예부터 남자는 "울면 안 된다"는 교육은 아무리 힘들어도 혼자 해결해야 한다는 중압감이 감성을 메마르게 하며 폭력을 조장시켰다. 또한 원시사회에서는 공동체 전통과 이념을 계승하는 일들이 남성중심이었지만 현대사회에서는 어머니 중심이 되면서 아버지라는 존재 자체가 희석되어왔다.

이렇듯 진정한 아버지가 없는 시대 속에서 대책으로 책에서는 7가지를 제시했지만 나는 3가지로 정리해보았다. 첫째는 자존감 회복이다. 책에서는 남성들의 문제점들은 자신의 내면에 있음을 강조하면서 스스로 자신의 고통과 실패를 인정할 것을 요구했다. 더 이상 돈 버는 기계가 되지 않으려면 아버지 자리를 찾아야만 한다. 그 자리란 존경을 받을 가치가 있는 어떤 권위보다 위대하다는 것을 의미한다. 물론 그 권위란 혼자 해결하는 고독한 리더가 아니다. 힘들다고 말도 하고, 눈물도 보일 줄 아는 평범한 가장이어야만, 진정한 남자의 자존감이 회복되고 건강한 가정을 이끌 제사장이 될 수 있다.

둘째는 부자 관계회복이다. 모든 남자의 문제란 관계의 문제요, 가족의 문제요, 나아가서는 사회의 문제다. 그런데 모든 인간관계의 어려움의 원인은 아버지와의 바른 관계를 맺지 못함으로 생겼다. 남자들은 먼저 아버지를 이해하고 용서하고 존경하는 마음을 품지 않고서는 개인이나 가정을 성공적으로 이끌어 나갈 수가 없다. 아버지와 관계가 매끄럽지 못하면 자신도 자식과 또 좋은 관계가 될 수 없기에 잘잘못을 떠나서 아버지를 품어야만 자녀와 좋은 관계를 유지할 수 있게 된다.

아버지라는 존재는 경제적인 문제를 떠나서 자녀들이 성장하는데 꼭 필요한 가정의 원천이요, 권위가 된다. 오늘날 우리 가정에서 아버지는 없고 자녀만 보인다. 성공한 자녀의 입에선, "나는 아버지 같은 사람과 결혼할거야"라는 말이 나와야만, 우리 자녀가 바른 가정을 세울 수가 있기에 아내의 지혜가 필요한 것이다.

셋째는 부부 관계의 회복이다. 유대인 어머니들은 결혼을 앞둔 딸에게 이런 편지를 꼭 보낸다. "사랑하는 딸아, 네가 남편을 왕처럼 섬긴다면 너는 여왕이 될 것이다. 만약 남편을 돈이나 벌어오는 하인으로 여긴다면 너도 하녀가 될 뿐이다. 네가 지나친 자존심과 고집으로 남편을 무시하면 그는 폭력으로 너를... 항상 가정에 마음을 두고 남편을 공경하라. 그러면 그가 네 머리에 영광의 관을 씌워줄 것이다."

가정을 집으로 비유한다면 가장 기초는 두 사람의 세계관이다. 가정의 기둥은 부부다. 다음으로 대화와 이해라는 2개의 창문이 있어야 세상을 바라볼 수가 있다. 또 보호라는 울타리와 봉사라는 대문을 잘 사용해야 한다. 행복은 멀리 있는 것도 아니고, 많은 수고가 필요한 것도 아니다. 행복한 부부는 서로를 격려하지만 불행한 부부는 서로를 공격하고 무시한다. 이기심과 무관심이 가정의 행복을 앗아간다.

나이가 들수록 일과 수입은 적지만 노는 일과 소비는 클 것이다. 자식들을 출가시킨 후 부부는 오랜 시간을 함께 보내야 하는데 서로를 배려하지 않고는 결단코 행복한 인생이 될 수가 없다. 노년이 되어도 다투는 문제는 대부분 상대가 절실하게 원하는 것이 무엇인지를 알지 못하는데 기인하고 있다. 사람은 나이가 아무리 들어도 꿈이 있다. 이제 그 소망은 함께 이루어가야 할 인생 목표이기도 하다. 그 꿈을 이루기 위해 서로 역할분담을 하며 협력해 나갈 때 날마다 새로운 소망을 안고 행복하게 살아갈 수 있게 된다.

여자를 이길 수 없다

배우 차인표가 연말 베스트커플 상을 받으며 50년을 살면서 느낀 것 세 가지로 수상소감을 대신했다. “어둠은 빛을 이길 수 없고, 거짓은 참을 이길 수 없으며, 남편은 결코 부인을 이길 수 없다”라고 했다. 관객들은 우레와 같은 박수를 보냈다. 첫째와 두 번째는 자연의 법칙이므로 특별한 설명을 하지 않아도 된다. 사람들이 박수를 쳤던 것은 바로 세 번째 “남편은 부인을 결코 이길 수 없다”는 조항 때문이었으리라.

물론 세 번째도 나이에 따라 인정하지 않을지 몰라도 적어도 인생 50을 넘겼다면 1초의 여유도 없이 그 말에 고개를 끄덕일 것이다. 오래 전부터 전설처럼 내려온 나이별 여자의 평준화가 있다. 40대는 욕망의 평준화, 50대는 지식의 평준화, 60대는 미모의 평준화, 70대는 재산의 평준화, 80대는 수명의 평준화라고 했다. 결국 나이가 들면서 모든 여자들은 별 차이가 없다는 것이다. 그런데 이상하게도 남자와 여자는 나이가 들수록 더 편차가 커져만 가고 있다.

남자와 여자가 서로 간에 얼마나 차이가 나면 〈화성에서 온 남자 금성에서 온 여자〉라는 책까지 남녀차이에 대한 교과서 노릇을 하고 있을까. 남녀 간 여러 격차들이 있겠지만 그 책에서는 두 가지로 요약한다. 먼저 의사소통이다. 문제가 생기면 남자들은 문제에서 빨리 벗어나고 싶어 말을 하지 않으려 한다. 여자들은 무엇이든지 이야기를 함으로 해결하려고 하는 경향이 짙다는 것이다.

다음으로 반응의 차이가 서로를 다른 존재로 만들고 있다는 것이다. 여자들은 본능적으로 남자에 비해 공감능력이 좋으므로 문제가 발생하면 상대방 입장에서 이야기 하려고 한다. 남자들의 이해는 여자보다 빠를지 몰라도 직접적인 공감표현이 약하므로 상대입장에선 남처럼 느낄 때가 종종 있었다. 이러한 남녀 간의 공감이나 체계화 능력의 차이는 고스란히 의사소통에 어려움을 가져오고 있다. 다른 이보다도 여자의 입장에선 진심이 전해지지 않아 서로 다투는 것이다.

단순한 남자가 세상을 살아가면서 가장 이해하기 어려운 난제 중의 하나가 여자이다. 여자에 대한 수많은 이론 중 결론을 이외수는 이렇게 내려주었다. "여자도 여자를 모른다." 하물며 단순한 남자가 여자를 어찌 이해하겠는가. 나도 나를 모르고 여자도 여자를 모른다는데 남자가 어찌 여자를 알겠는가. 배우 차인표가 말한 "남자가 여자를 못 이긴다"는 것은 물리적이나 정신적인 단계가 아니라 순전한 여자에 대한 배려 차원이었으리라.

여행을 좋아하는 어떤 이는 가는 곳마다 꽃씨를 뿌리자 사람들이 물었다. "당신은 이곳에 다시 오지 않을지 모르는데 왜 열심히 꽃씨를 뿌립니까?" "나는 다시 오지 않을지 몰라도 봄은 반드시 다시 옵니다. 그러면 누군가는 내가 뿌린 아름다운 꽃을 보게 될 것입니다"라고 그는 대답했다. 사랑은 이렇듯 배려하는 마음에서 출발한다. 배려란 나보다 상대가 원하는 것을 우선순위에 두고 행한다. 사람들은 배려하는 마음이 통할 때 자상한 사랑에 눈물이 나고 세상 그 무엇으로 살 수 없는 진한 행복을 느끼게 된다. 여자가 원하는 것은 큰 것이 아니라 작은 배려이다.

행복은 배려에서 시작된다. 배려하지 않는 부부는 오래가지 못한다. 아니 오래가도 배려가 없는 관계라면 그냥 사는 거지 애틋한 정을 나눌 수가 없다. 여자는 사랑을 추구하나 남자는 일과 사랑을 동시에 생의 목적으로 둔다. 신체구조상 여자는 사랑을 갈구하며 본능적으로 모성을 갖기에 사랑을 위해서 모든 것을 버릴 수도 있다. 남자는 일에 대한 본능이 여자보다 강하기에 대부분 사랑보다 성공이 앞설 수밖에 없다. 그랬던 남자가 인생의 하프라인인 50을 넘기자 철이 들기 시작하면서, "여자는 사랑을 위해서 태어났고, 남자는 그 사랑을 지키기 위해 태어났다"는 말을 실감하게 된다. 남은 생애를 그렇게 살려고 하기에 차인표가 남자는 여자를 이길 수 없다고 말했던 것이다.

나도 아내가 어깨 회전근개파열로 팔을 못 쓰자, 그 때부터 설거지를 하기 시작하면서 남은 음식물 처리하는 일이 가장 어렵다는 것을 느꼈다. 그동안 자기 앞 가름도 힘겨웠는데 50을 넘으면서 비로소 여자를 돕기 시작하자, 힘든 일이 뭔지 그리고 필요한 것이 무엇인지를 하나하나 알아가게 되었다. 사실 여자를 알아 간다기보다는 이해하면서 이전보다 더 생각해주려고 노력한다고 해야 정확한 표현일 것 같다. 이제야 사랑은 지배하는 것이 아니라 자유를 주는 것임을 알고 새로운 시각으로 세상을 바라볼 수 있도록 도와주려 애를 쓴다.

그동안 무슨 이유가 되었든 여자를 이해한다든지 여자를 돌아볼 여유가 없었다. 그런데 인생 후반을 넘어가면서 사랑은 결코 추상적인 이론이 아님을 알게 된 것이다. 그제야 여자가 눈에 들어오고 여자가 이해되고 진실로 여자의 눈물을 알고 마음을 담아 여자를 돕기 시작한 것이다. 이제 보니 남자도 마찬가지지만 여자로 산다는 것이 뭔지를 책이 아니라 스스로 깨달게 되면서 진실로 여자를 인격으로 대하고 싶었던 것이다. 더 진실하게, 더 겸손하게, 더 성실하게, 더 사랑스럽게 섬기고 싶기에 여자를 이길 수 없다고 한 모양이다.

내가 싫어하는 사람

사무엘 골드윈은 인생 기술 중 90%는 내가 싫어하는 사람과 잘 지내는 방법이라고 했다. 그 말이 실감나는 것은 나이가 들면 성격도 더 둥글어져 싫었던 사람도 좋아질 것이라 생각했지만, 현실은 무디어지기는커녕 비호감인 사람은 더 뚜렷하게 싫어지고 좋아하는 사람은 맹목적일 정도로 더 좋아지고 있다. 성공의 90%는 싫어하는 사람과 잘 지내는 기술이라고 하는데 나는 이런 관점에선 성공과는 거리가 먼 모양이다. 어찌하겠는가. 본시 타고난 성향이 싫어하는 사람과 잘 어울리지 못하지만 최선이 아니면 차선을 택하고 싶다. 친구는 잘 못 만들어도 최소한 적을 만들지 말아야 한다는 철학에는 변함이 없다.

친구는 도움을 가져오지만 적은 위기를 가져온다고 누가 그랬다. 결정적일 때는 친구보다도 적이 그동안 쌓아올린 모든 명성을 한순간에 무너뜨리는 결정적 요인이 된다. 친구보다 더 신경써야 할 대상은 인생의 적이라는 현실적 요구다. 100명의 경찰이 한 명의 도둑을 막지 못하고 좋은 친구 10명이 1명의 적을 못 당한다고 한다. 3%의 반대자가 조직을 무너뜨리는 현실 속에서 내 적들을 잘 관리하는 일은 성공을 떠나서 내가 롱런할 수 있는 비결이다. 이것은 노후에도 무리 없이 이웃과 더불어 행복하게 살아갈 수 있는 조건이다. 그러므로 가정이나 사회생활 중 어떤 모임이든지 나와 DNA 유전인자가 다른 이에 대한 특별한 지혜가 요구되어진다.

우리나라 가정법원 조정위원 중에 서초동 솔로몬이라는 김영희 씨도 365일 중 360일은 이혼만을 생각할 정도로 결혼생활이 힘들었다고 한다. 마취제 없이 수술 받는 것처럼 고통의 나날들을 보내면서도 이혼하려는 가정들을 조정하는 달인이 되기까지는 인간에 대한 그녀의 남다른 몇 가지 철학이 있었다. 모든 인간관계에서 어려움을 해결하는 길에는 그녀처럼 자신만의 철학 같은 생활신조가 있어야 넘어갈 수 있다. 좋은 관계란 좋은 사람을 만난 것이 아니라 좋은 사람으로 만들어 가는 관계를 말한다.

인간관계에서 적을 만들지 않고 좋은 사이로 지낼 수 있는 비결은 무엇일까. 가장 기본적 태도는 인간은 불완전한 존재라는 사실을 늘 인식하고 있어야 적을 만들지 않고 인생의 좋은 친구로 살아갈 수 있다. 인간은 불완전하기에 자신은 늘 옳다는 착각 속에서 남과 비교한다. 순간순간 남의 말에 쉽게 흔들리면서 자신의 못난 점들은 남들에게 말은 못하지만 평생 고민으로 남는다. 아울러 이러한 약점들이 타인의 불완전성에도 너그러워지며 겸손한 사람이 되게 만든다. 세월이 흐르며 불완전한 모습 속에서도 최선을 다하는 모습이 약한 자를 가장 빛나게 한다는 위대한 진리를 또한 깨닫는다. 이제 사람을 바라보는 태도가 바뀌게 된다. 그동안 자신도 불완전한 존재임에도 늘 타인의 약점만 보기에 등을 돌리고, 비판만 했기에 적이 될 수밖에 없었지만, 그 후유증은 고스란히 자신에게 남겨진다.

사회생활하면서 우리는 피치 못하게 남을 비판할 때가 많이 있다. “발 없는 말이 천리를 간다”는 속담처럼 비난은 돌고 돌아 상대에게 전해진다는 기막힌 진리 앞에 때론 쓴웃음을 짓게 된다. 비판은 옳고 그름보다 말 속에 수치심과 모욕감을 안겨주는 인격적 가치를 무시하는 것이 문제다. 비판은 결국 상대의 감정과 자존심에 상처를 주어 적이 되어버리기에 마음을 지키듯 비난의 말을 다스려야 한다.

콜리지가 “위인과 만나거든 너의 좋은 인상을 남기도록 하되, 소인과 만나거든 그 사람의 좋은 인상만을 남기도록 하라”고 했다. 그 이유는 세상엔 위인은 없고 대부분 소인배들만 있기 때문이다. 그래서 항상 누구든 좋은 인상을 남기도록 해야 친구가 될 수 있다. 없는 인맥 아쉬워하지 말고 만나는 사람들에게 악연이 되지 않도록 말과 행동에 늘 조심하여 적을 만드는 일이 없도록 더 신경써야 한다. 이렇듯 적은 만나는 것이 아니라 만드는 것이므로 단점보다 장점을 보려고 노력해야 한다.

또한 관계가 오래될수록 가져야 할 태도는 상대는 나와 다르다는 자세다. 관계가 상했을 때 상대가 ‘틀린 것이 아니라 다른 것’

이라는 문구를 우리는 그동안 얼마나 봐왔던가. 남녀가 다르듯 피조물인 인간은 서로 다를 수밖에 없으므로 매 순간 다투고 오해한다. 다름을 인정하면 천국은 너무나 쉽게 만들어진다. 인정해야만 서로에게 좋은 사이가 된다. 부부간에도 본성과 환경이 전혀 다른 사람이 만나 살아가는데 하물며 생면부지의 사람과의 다름이란 상상을 초월한다. 그들과 친구로 지내고 싶다면 자아를 내려놓고 '나와 본질적으로 다르다'라는 이해하는 방식을 달리하지 않고는 친구는커녕 원수처럼 지낼 수밖에 없다.

서초동 솔로몬 김영희는 가장 잘 알 것 같으면서도 가장 많이 다름을 피부로 느끼는 부부 사이에 갈등이 있을 때 상대를 좀 더 이해하는 '퍼플 솔루션'이라는 도구를 제시했다. 그것은 남자의 블루(blue)와 여자의 레드(red)가 서로 다름을 인정하면 조화로운 퍼플(purple)이 탄생한다는 것이다. 인간은 불완전한 존재이지만 함부로 상대를 비판하지 않고 서로를 인정하고 보듬을 때 친구로 살아갈 수 있고 외로움까지 해결할 수 있다. 사랑하는 그대는 나와 다르기에 존재 가치가 있는 것이다. 다르기에 광야 같은 세상은 훨씬 더 감동과 내일에 대해 소망을 가질 수 있다.

욱하는 당신

연휴동안 층간 소음 분쟁으로 살인과 방화 범죄가 잇따르자 "어떻게 층간 소음 문제로 그런 범죄를 저지르다니 이해할 수가 없네"라는 반응이 일반적이었다. 지난달에는 같은 빌라에 사는 여성으로부터 "못생겼다"라는 말을 들은 남성이 칼부림하는 일까지 있었다. 최근에 이렇게 욱하는 감정을 참지 못하여 일어나는 우발적 범죄들이 증가하고 있다. 이제 충동적인 사회가 된 것이 아니냐는 우려가 뒤따르고 있다.

정신과 의사들은 이런 범죄를 '충동 조절 장애'로 보고 있다. 이것은 본능적 욕구가 지나치게 강하거나 자기방어 기능이 약해져 스스로 충동을 조절하지 못하는 정신적 장애를 말한다. 이런 장애는 이성적 판단을 관장하는 전두엽 기능이 순간적으로 마비되면서 자신의 행동이 어떤 결과를 낳을지 예측하지 못한 채 본능적인 행동을 하게 한다. 아마도 이런 일들이 최근 더 빈번하게 일어나는 것은 여러 관계 속에서 쌓여졌던 갈등들이 폭발하면서 생기는 경우가 대부분이다.

우리 사회가 왜 이토록 참을성 없고 충동적인 사회가 되었는지 근본적인 원인을 생각해보면 우선 극단적인 이기주의가 떠오른다. 빈부격차, 경쟁의식, 님비현상, 각종 범죄의 발생 등 모든 문제들은 이기주의가 변질되어 나타난 개인주의의 산물들이다. 우편물이 쌓이고 악취가 진동하면 그제야 사람이 죽었음을 알 정도로 우리 사회는 나밖에 모르는 극심한 이기주의 세상이 되었다. 이것이 욱하는 한국인을 양산시키는 요인이 되게 했는지 모르겠다.

이기주의만큼 고질적인 한국인의 병은 '빨리빨리' 문화이다. 많은 외국인들이 한국에 와서 가장 먼저 배운 단어가 '빨리빨리'라고 한다. 식당엘 가도, 택시를 타도, 미장원에 가도 '되도록 빨리'라는 말은 정말 급해서가 아니라 습관적으로 말하는 것이다. 어느새 '빨리빨리'는 한국인의 문화로 굳어졌다. 업무도, 공부진도도, 경제성장도 빨리빨리는 좋았을지 모르나, 과정보다는 결과만을 추구하는 인생관이 문제가 되었다.

아울러 '대충대충'이라는 병이 생기면서 기다림, 배려, 용서라는 열매가 사라지고 여유 없이 살아가고 있다. 이 땅엔 낙태도, 자살도, 인생도 빨리빨리 결말을 보려하고 있다. 이렇듯 한국인의 욱하는 성격은 이기주의와 빨리빨리 문화와 함께 분노사회를 만드는 1등 공로자이다. 작년 연말 어느 신문에 '한국사회 분노의 숫자' 도표에는 저임금 노동자, 노인빈곤, 자살률, 투표율을 통해 이 사회의 분노를 가늠할 수 있다고 했다.

21C의 저성장 시대는 양극화가 심화되면서 아무리 노력해도 내일을 기대할 수 없다는 좌절감, 빈곤의 대물림이 고착화되어 희망 없는 사회가 되었다. 내면의 분노는 가장 유치하고 어리석은 방법으로 표출되고 있다. 절망과 체념은 분노를 투사할 대상을 찾는다. 현실의 부조리와 불합리를 해소할 창구를 찾는 것이다.

로마는 하루아침에 세워지지 않았지만 무너지는 것은 순식간이었다. 욱하는 성질을 다스리지 않고는 나도 모르게 하루아침에 딴 세상이 될 수 있다. 유대인들은 사람을 평가할 때 키소(돈주머니), 코소(술잔), 카소(분노)라는 세 가지 기준이 있다. 주머니를 보면 대충 사람을 알 수 있다. 술잔은 더 쉽게 평가할 수 있다. 결정적인 평가는 분노에 있다. 술잔은 비록 작지만 그 잔에는 그 사람의 인격이 담겨있다면 분노와 인내는 그 사람의 미래를 볼 수 있는 거울이다. 그것은 가장 확실하면서도 현실적인 기준이라 할 수 있다.

그러므로 순간적으로 욱하는 감정을 다룰 지혜가 필요하다. '욱' 하고 화가 치밀 때 15초만 지나면 분노의 호르몬이 없어지기에 심호흡을 깊게 하고 잠시 기다리면서 이렇게 되새겨야 한다. '세상만사 새옹지마잖아, 그 사람도 그럴만한 사정이 있었겠지, 인생 뭐 있나, 다 그런 거지 뭐...' 이런 생각으로 자신을 세뇌시키면 화는 지나가고 평온한 온기가 느껴진다.

가장 중요한 사실은 지금 이 상황이 내 건강과 삶을 바꿀 만큼 중요한 일인지를 곰곰이 따져봐야만 한다. 아무리 화가 나도 그 일은 내 무엇과도 비교할 수 없는 하찮은 일에 불과하다. 인생이란 제행무상(諸行無常)처럼 태어나는 것은 반드시 죽고, 회자정리(會者定離)처럼 만나면 반드시 헤어짐이 원리요, 구득불고(求得不苦)처럼 구한다고 다 얻어지는 것이 아니기에 그렇다.

내가 떠나가면 모든 것이 그만인 것이 인생이라는 것을 알면서도 왜 포기하지 못하는가. 다 욕심이다. 중독에 빠진 일도, 화가 나는 일도, 가슴에 맺히는 일도 다 욕심이다. 타인이 욕심을 내면 우리는 추하다고 비난하지만 욕심 많은 돼지는 다름 아닌 바로 내 자신이다. 지금은 욱할 때가 아니다. 지금은 미워할 때가 아니다. 버려야 한다. 끊어야 한다. 나누어야 한다. 그래야만 언제 그 날이 된다 해도 두려워하지 않게 된다.

그의 인기 비결은

요즘 가장 핫한 PD가 누구냐고 묻는다면 바로 '나영석'이라고 대답할 것 같다. 그는 〈무한도전〉과 쌍벽을 이루었던 〈1박 2일〉을 통해 편안한 앞날이 보장되었다. 그런데 갑자기 KBS를 떠나 정글 같은 케이블 TV로 갈 때 시청자들을 의아해 했다. 이유야 어찌되었든 그가 선택한 케이블 채널에서 다시 프로그램을 만들 때 그의 심정은 어땠을까. 이미 큰 인기를 얻었던 경력은 새 직장에서 '나영석'다운 작품을 만드는데 도움은커녕 악재가 될 수도 있었다. 그럼에도 그는 보란 듯이 또 대박을 터뜨리고 있다.

그는 말했다. 음식점으로 비유한다면 'KBS'는 강남 역 사거리에 있는 백화점급 음식점이다. 케이블TV는 그 백화점 뒷골목에 자리 잡은 작은 음식점이므로 음식이 진짜 맛있어야 그 곳까지 찾아온다는 것이다. 작품도 입소문이 아니라 오로지 자신만이 잘 할 수 있고 자기가 좋아하는 것을 해야 승부가 나겠다는 마음으로 그는 기획했다. 평소 그는 여행을 좋아하여 여행아이디어를 찾아 만들었던 〈꽃보다 할배〉는 친정을 떠나 첫 히트작품이 되었다.

인생의 모든 진리는 알고 보며 단순하다. 문제는 그 법칙과 과정을 알면서도 바쁘다는 핑계로 하지 않으면서 세상과 환경을 탓한다.

좋아하는 일을 해야 행복하다는 진리를 모르는 사람은 없다. 좋아하는 사람은 함께 있기만 해도 행복을 느낀다. 좋아하는 일을 하면 자신도 모르게 몰입하게 되고 아울러 자신의 가치를 더 느끼게 된다. 물론 세상 일이 내가 좋아하는 일만 할 수 없다. 대부분 할 수 없어 밥벌이로 한다 해도 그 일들을 좋아하는 일로 만드는 지혜는 자신에게 달려있다.

"잊지 마라! 알은 스스로 깨면 생명이 되지만 남이 깨면 요리감이 된다고 했다. '내 일'을 하라. 그리고 '내일'이 이끄는 삶을 살라"고 김남도가 〈아프니까 청춘이다〉에서 말했듯이 어떤 일이든 내가 좋아하면 '내 일'(my mission)이 될 뿐 아니라, 그 일들은 행복한 '내일'(tomorrow)로 이끄는 징검다리가 될 것이다. 나이가 들면 모든 것이 무디어진다. 아직도 싫은 일, 싫은 사람이 있다면 청춘이라 생각하고, 지금의 아픔을 영양분으로 피어낸다면 어떤 일이든 좋은 일로 바뀔 수 있다.

나영석 PD는 자신이 좋아하는 일을 하면서 철저히 자율을 보장한다. 어떤 극이든 큰 흐름은 출연자에게 맡기는 것을 원칙으로 삼았다. 감동적인 드라마는 지시가 아니라, 자신의 감을 살리는 것이 더 중요하다는 것을 그는 알았던 것이다. 물론 조그만 상황들은 개입을 하게 된다. 예를 들어 〈꽃보다 할배〉에서 신구 선생님은 말만 했다하면 명언들이 쏟아져 나온다. 먼저 스스로 말씀을 하지 않으시기에 질문하는 식으로 그 뇌관을 터뜨리는 정도의 개입이었다.

자녀교육도 마찬가지다. 보통 세 유형이 있다. 먼저 훈련교관처럼 명령조로 지시하는 부모의 자녀는 스스로 판단할 능력을 갖지 못한다. 헬리콥터처럼 늘 자녀주변을 맴도는 부모의 아이들은 진정한 자아를 가질 수 없다. 자녀에게 조언도 하지만 궁극적으로 자녀 스스로 선택하게 하는 상담조언자형 부모 자녀는 판단력과 자립심이 강하여 가장 먼저 일어난다. 좋은 부모란 먼저 일정한 패턴을 유지한다. 자녀의 감정을 존중하면서도 부모의 기대치와 자녀들의 선택에 대한 상벌을 보여주는 일과 함께 자녀에게 부모도 끊임없이 노력하는 모습을 보여주어야 한다.

부모가 자녀에게 보여주어야 하는 모습 중에, 바른 사회인 한 사람의 모습도 필요하지만 독서하는 모습이 무엇보다 중요하다. 나영석 PD도 예능에 영감 받은 5권을 소개했다. 한 권의 책이 세상을 바꿀 수는 없지만 한 사람의 마음을 움직일 수 있다고 했다. 한 사람이 움직이면 세상은 바뀌기 시작한다. 부모가 자식에게 모든 것을 다 물려줄 수는 없다. 그들이 책을 놓지 않는다면 삶은 유한하지만 삶의 방식을 얼마든지 무한할 수 있다는 것을 깨닫고 행복한 생을 살아갈 수가 있다.

얼마 전 카스에 〈나를 변화시키는 9가지 방법〉이 소개되었다.

첫 번째가 “매일 조금이라도 책을 읽자”였다. 세상의 모든 지혜와 경험을 얻을 수 있는 가장 빠른 방법은 단연코 독서라 할 수 있다. 책을 읽어야 나의 무지함을 알게 된다. 내 마음에 부딪치는 것을 내 것으로 만든다면 인생최고의 선생을 모시고 사는 가장 지혜로운 사람이 된다. 그러면 아무리 험해도 스스로 개척해 나갈 수 있다.

대중음악도 유익한 점이 많지만 장거리 인생에서 클래식과 같은 독서가 왜 필요한가. 어떤 이는 클래식과 대중음악을 모차르트와 살리에리로 비교했다. 살리에리는 당시 최고의 인기를 누렸지만 시간이 흐르면서 그의 노래를 기억하지 못한다. 모차르트 곡은 아직도 수많은 사람의 입에 흥얼거린다. 지금 당장에는 대중음악과 같은 살리에리적인 삶이 많은 유익을 줄지 모른다. 멀고 먼 인생길에선 클래식과 같은 독서의 삶이 인생의 깊이를 더해주고 인생의 향기를 더 발하게 한다.

나영석 PD가 아니더라도 무언가를 이룬 사람들은 한결같이 책을 손에서 놓지 않았다. 책은 가장 가까이에서 어제를 돌아보게 하고 오늘을 좀 더 진지하게 살게 할 뿐 아니라, 내일을 구체적으로 준비하게 하는 지혜의 참모이기 때문이다.

C A P T E R

03

행복한 자아

1등 강요

고3 수험생이 전국 1등을 하라며 체벌을 가했다는 이유로 어머니를 살해하고 시신을 8개월 동안이나 방치하다가 붙잡혔다. 그는 가정불화로 아버지는 가출하고 어머니와 단 둘이 사는데 평소 상위권 성적을 유지해 왔었다. 어머니는 전국 1등을 강요하며 잠도 재우지 않고 체벌을 가해왔었다. 그는 초등학교 때에 토익 900점을 넘었고 구청장 상까지 받을 정도로 우등생이었다. 이번엔 성적만 강요하는 어머니가 두려워 성적을 위조해 오다 더 이상 속일 수 없자 범행을 저질렀던 것이다.

이 참혹한 사건에서 과연 누가 가해자고 피해자란 말인가. 말할 것 없이 그 부모와 이 사회가 주범이다. 이 사건은 분명 우리 사회의 씁쓸한 단면을 보여주기에 정죄하기 이전에 자신과 가정을 돌아봐야 한다. 우리는 매일 아침 막장 드라마를 보고 매일 저녁 막장 뉴스를 본다. 언제부터 세상이 막장이 되었단 말인가. 이상하게도 일반살인은 줄고 존속살해 사건은 늘고 있는 추세다. 도대체 왜 이런 일이 일어나고 있을까. 학벌 지상주의가 판치는 세상에서 전국 1등을 해야 S대 법대에 들어갈 수 있다고 믿는 어머니나 우리나 크게 다를 바가 없다.

우리 청소년들은 OECD국 중 학업성취도는 최상위권이지만 주관적인 행복지수는 3년 연속 꼴찌다. 수능에서 10%만이 서울 소재 대학에 들어가기에 90%는 입학부터 패배자가 되고 있다. “1등만 기억하는 더러운 세상!” 어느 개그맨의 이 독백처럼, 우리 사회는 1등만 대접받고 성공이라는 가치가 정서적 친밀감까지 대체해 버렸기에 이런 괴물들을 양산시키는 것이다.

지금은 창의적인 ‘3.0’시대를 지나 관계의 '4.0' 시대가 되었다. 1등만 살아남는 한줄 세우기식의 경쟁으론 따뜻하고 차별화된 관계가 형성될 수 없다. 이제라도 모두가 살아남는 교육시스템이 필요하다고 목소리를 높이고 있다. 평범한 국민도 대접받는 세상이 되어 자발적으로 참여의 바탕이 되어야만 소통이 가능하므로 그런 일들의 재발을 막을 수 있을 것이다.

전문가들은 입시경쟁과 학벌 중심의 사회적 여건이 부자간의 갈등과 비정상적인 가족관계를 만들었다고 본다. 이것이 소통부재를 가져오면서 패륜 범죄의 가장 큰 원인으로 꼽고 있다. 놀라운 일은 범죄 이후 지군은 학교에서 부쩍 밝아졌고 최근엔 여자 친구까지 생겼다고 한다. 평소 어머니로부터 눌려 있다가 그 존재가 사라지자 슬퍼하기는커녕 해방감이 더 컸던 모양이다. 현실 도피적인 과장된 행동들이 결국 그러한 엄청난 일을 만들었다는 것이 얼마나 서글픈 일인가.

가지지 못한 것에 대한 집착이 강박관념을 만들면서 시시때때로 우리 자신을 얼마나 괴롭혀 왔던가. 반드시 이루어야 한다는 집착이 클수록 이루지 못한 것에 대한 두려움과 미지에 대한 두려움은 제어력을 상실하고 분별력 없는 사람이 되게 했다. 앤소니 드 멜로는 두려움이 자신을 지켜주고, 신념이 자신을 존재케 하고, 고집이 인생을 든든하게 해준다는 거짓 믿음이 집착을 만들어낸다고 했다. 지군 어머니도 이런 거짓에 속아 어이없는 강요를 한 것이다.

집착은 행복 대신 무기력과 자기신화에 빠지므로 모든 소통의 창이 닫아 지면서 스스로 만든 감옥에 갇혀 칼을 갈 뿐이다. 집착은 자기 생각의 결과물에 불과하다. 에고에 너무 심각하게 매여 있지 말고 차라리 현실을 수용하여 감싸 안은 후 새로운 에너지를 창조하는 편이 백 번 유익하다. 이것을 알지 못하기에 엽기적인 행동이 서서히 모든 관계를 끊어지게 했다. 인생에서 인간관계보다 더 소중한 것은 없다. 지군이 친밀감을 느낄 수 있는 가족과 다른 관계의 사람이 있었다면, 그의 어머니가 아들에 대한 집착을 분산시킬 수 있는 다른 관계만 갖고 있었다면, 과연 이런 일까지 일어날 수 있었겠는가.

바이블은 이 시대는 피리를 불어도 춤추지 않고 애곡해도 울지 않는 것으로 비유했다. 화성인처럼 머리만 클 뿐 긍휼한 사랑에 굶주린 채로 냉냉한 가슴을 끌어 안고 산다. 어떤 관계든 소통이 막힌 채 멍한 눈으로 죽기만을 기다리는 사람처럼 의미 없는 시간을 보내고 있다. 그러므로 지금 이 시대에 우리에게 가장 필요한 것은 긍휼한 마음이다.

열린 마음으로 관계가 회복되고 세상과 소통이 되어야만 내일에 대한 꿈을 갖게 된다. 이번 교육부 학업성취도 평가에서 무명의 진주진양고가 가장 두드러진 성적을 얻었는데 그 비결은 단순하게도 〈미인대칭〉이었다. 교사들이 [미]소를 띠고, 등교 시 교사들이 학생들에게 [인]사하고, 어느 때든지 학생들과 [대]화하고 [칭]찬했더니 보통 이상 성적이 55%에서 90%로 늘더라는 것이다. 국,영,수도 명문고들을 제치고 10위 안에 다 들어가 있을 정도로 탄탄한 실력을 갖게 되었다. 이렇게 긍휼한 마음을 갖고 열린 마음으로 대했더니 관계가 회복되고, 세상과 소통했더니 성적은 자동적으로 올랐다. 〈내가 정말 알아야 할 모든 것은 유치원에서 배웠다〉라는 책처럼 진리는 단순하다. 모든 집착을 버리고, 긍휼로 대하며, 관계를 세워 나가며 소통될 때 아름다운 세상으로 채색되어 갈 것이다.

진정한 실패자

KBS 어느 프로에 출연한 한 여대생이 키 작은 남자는 '루저' 라고 말했다. 그녀는 키도 경쟁력이므로 키 작은 사람은 싫고 용납할 수 없다고 했다. 그 학생 말대라면 대한민국 남자 80%는 하루아침에 실패자가 되어버린다. 나폴레옹, 모택동, 박정희, 김정일도 루저요, 꽃미남 장동건도 루저에 속한다면 그들도 실패자요, 쓰레기요, 잠재적 범죄자가 된단 말인가. 심지어 "키 작은 남자가 살인자보다 나쁘다"라는 인터넷에서 떠도는 말은 이 사회의 단면을 보여주는 것 같다.

"나는 키 작은 남자와 사귈 수 있다." 이것이 공영방송 토론 질문 내용이다. 그것도 모자라 제작진은 친절하게 'loser'라는 자막까지 깔아 주었다. 방송은 이렇듯 자극적인 소재를 갖고 이슈거리를 만드는데 총력을 기울일 수밖에 없겠지만 그래도 우리 사회가 지금 얼마나 그릇된 가치관 속에 살아가는지를 보여주는 하나의 사례라고 할 수 있다. 이 잘못된 가치관을 막아야 할 방송이 오히려 악용하고 있으니 방송지상주의라고 할만하다.

방송지상주의에 버금가는 것이 외모지상주의이다. 외모는 개인 간 우열뿐 아니라, 인생의 성패까지 좌우한다고 믿는 사회 풍조를 말한다. 이런 풍조는 좋은 학교를 나와도 외모가 받쳐주지 않으면 취직도, 결혼도 힘든 세상이 되면서 청소년들의 꿈을 왜곡시키고 능력 있는 사람들을 소외시키고 있다.

"자신에게 능력이 있다면 상대방을 채워라, 그렇게 자신이 없는가?" 황당한 그녀 때문에 외국인이 대꾸했던 말이다. 하지만 이미 물질만능 사랑에 젖어있는 세대들은 사랑은 있어도 단칸방에서는 못 산다고 한다. 결혼도 당연히 조건만 맞으면 사랑 없어도 가능하다는 세대다. 명품 한 두 개쯤은 지니고 다녀야 사람 취급받는다는 세대다. 나는 그들을 이해하기 보다는 진정한 루저에 대해 생각해 보고 싶다.

루저는 그녀 말대로 외모, 물질이 아니라, 인생의 목표가 없는 사람을 의미하는 것이다. 파브르는 날벌레들을 연구하던 중 새로운 사실을 발견했다. 그것은 앞에 있는 날벌레가 돌기시작하면 다른 벌레들도 무조건 따라서 같이 빙빙 돈다고 한다. 밑에다 먹을 것을 갖다 놓아도 먹지 않고 무려 7일이나 돌다가 굶어서 죽어가더라는 것이다. 사람도 마찬가지다. 날벌레처럼 무언가를 열심히 하지만 목표가 없이 그저 살아가는 사람이 87%나 된다고 한다. 실패자란 결국 능력이 아니라, 목표를 정하지 않아 헛도는 날벌레처럼 소중한 시간을 낭비하는 사람들이다.

다음으론 루저란 돈이 목적인 사람이다. 사람은 각자의 인생 목표를 갖는다 해도 어떤 목적을 갖느냐에 따라 인생의 질은 얼마든지 달라질 수 있다. 보통 사람들은 인생의 목표를 나이에 따라 탐구욕, 소유욕, 성취욕, 정치욕으로 바뀐다. 이 모든 과정에서 자신도 모르게 물질이 생의 목표가 된다면 100% 실패자 인생이다.

김훈의 〈밥벌이의 지겨움〉을 보면 모든 밥에는 낚시 바늘이 있어 먹으면 먹을수록, 돈을 벌면 벌수록 매인다는 것이다. 겉으론 환상의 시대 같지만 실상 고독과 불안 속에 살아가는 현대인은 거라사 광인처럼 온갖 사슬에 묶여 있으며 괴성을 지르고 옷을 벗는다. 그러므로 목표도 중요하지만 인생의 마지막 날에 부끄럽지 않으려면 속히 생의 목적이 돈에서 사람을 얻는 것으로 바꿔야만 한다.

김현철은 교도소를 제 집 드나들듯 했으나 어느 집 담을 또 넘으려다, 그 가족의 화목한 모습을 보고서 생의 목표를 바꾸었다. 그는 기름 배달원 경험을 살려 사업하면서 1L당 1원씩 기부하기로 마음먹고 실천했다. 지금은 네 개의 주유소에서 연간 몇 천 만원씩을 기부하고 있다. 사람들이 어떻게 하면 돈을 잘 버느냐고 물으면 그의 대답은 간단하다. "기부하면 할수록 돈은 벌려요." 그처럼 사람이 보이기 시작하면 돈은 저절로 들어온다. 그런 사람이 진정한 성공자다. 하지만 사람은 안 보이고 돈만 보인다면 볼 것 없이 그 사람은 철저히 루저다.

마지막으로 루저란 우선순위가 없는 사람이다. 어느 경영학 교수가 항아리에 큰 돌을 먼저 넣고 작은 자갈을 또 넣었다. 마지막으로 모래를 집어넣자 항아리는 가득 찼다. 그런 후에 교수는 항아리를 다 쏟은 후 이번에는 반대 순으로 모래, 작은 돌, 큰 돌을 넣자 다 들어가지가 않았다. 교수는 학생들에게 이 실험의 의미에 대해 질문했다. 학생들은 시간의 계획성과 자투리 시간 활용이라고 했다. 그는 이 실험에서 가장 중요한 사실은 큰 돌을 먼저 넣어야 한다는 것이라고 했다.

한국경제규모는 11위이지만 삶의 질은 OECD국 최하위다. 이런 결과는 분주함에 원인이 있다. 분주함이란 우선순위가 정해지지 않는 삶이다. 가족끼리도 타인처럼 서로에 대해 너무 모른다. 그런 상태에서 돈을 번들 무슨 의미가 있겠는가. 아무리 급해도 노를 저으려면 로프를 푸는 일이 급선무다. 가장 기본적인 일이 우선순위가 되어야만 더불어 삶의 행복을 누리며 살아갈 수가 있다.

"그렇게도 자신이 없어요?" 그 방송에서 외국인의 이 질문은 지금 우리 자신에게 하는 듯 했다. 상대방의 조건보다도 내 자신의 능력을 스스로 빛낸다면 키가 문제가 아니다. 분명한 인생의 목표를 정하고, 물질보다 사람을 더 소중한 자산으로 여기고, 가치에 따라 우선순위를 정한다면 그는 다른 사람을 기댈 필요가 없는 확실하게 성공한 사람이 될 것이다.

이웃이 없는 당신

지난 11월에 입주민의 폭언을 견디지 못해 분신을 시도했다가 결국 숨진 이만수 씨 이야기는 어떤 사건보다 나를 분노케 했다. 평소 끈질기게 그에게 모욕감을 안겨주었던 할머니도 문제였지만, 노제 때 어느 입주민은 "150만원이나 줬으면 됐지 시키는 일도 제대로 못하면서 무슨 모멸감이냐"라고 말하고 들어갔다고 한다. 애통한 그의 죽음을 위로하며 손잡아주는 입주민 대신에 유족들의 마음을 무참히 짓밟는 비수 꽂는 말만이 무성했다.

50평대 그 아파트는 입주민 대부분이 사장님 급이 되어서 그런지 경비원쯤은 평소 사람으로 생각하지도 않았는데 죽은들 무슨 애도할 마음이 있었겠는가. 그들의 관심은 분신 이후 실추된 이미지로 아파트 값이 떨어질까 전전긍긍하고 있음이 분명하다. 인류역사상 가장 악한 불평등한 인도의 카스트 제도보다 더 불공평한 일이 21세기 수도 서울에서 일어났던 것이다.

소위 스스로 인간내신 1등급이라 여기는 그들은 경비원쯤이야 그림자만 스쳐도 부정하다고 여겼던 인도의 불가촉천민과 다를 바가 없다고 여겼을 것이다. 잘잘못을 떠나 사람이 죽었음에도 9등급 같이 접대하는 그들을 통해 이 사회의 근본적인 문제가 무엇인지 뚜렷하게 보인다.

동료들은 한결같이 그의 극단적인 선택은 진상 입주민으로 정평이 나 있는 한 부인의 인격적인 모욕에 의한 것이라 주장했다. 그녀는 평소에도 폭언을 일삼았고 떡이나 과자를 던져주며 먹으라는 등 모멸감을 주었다고 한다. 모멸감은 결핍과 공허를 채우려는 낮은 자존감에서 출발한다. 오히려 타인에게 모멸감을 줌으로 헛된 자신의 존재감을 확인하려는 자기사랑에 대한 부족과 타인과의 사회적 신뢰 결여에서 오는 잘못된 자아확립 방법이기에 더욱 어이가 없다.

불란서의 어느 정치학자는 20C가 이데올로기 시대라면, 21C는 정체성의 시대라고 했다. 안타깝게도 글로벌 미디어를 통해 사람들은 정체감이 더욱 불안정해지고 감정이 동요되면서 이런 초딩 수준의 일들이 생각지 않는 곳에서 일어나고 있다. 우리 안에 '마귀할멈'은 얼마든지 존재하고 있다. 갑과 을의 관계에서, 을과 병의 관계에서 진상 인간은 우리 곁에서 끊임없이 자신과 이웃을 괴롭히고 있다. 아니 그것보다도 보여 지는 부와 사회적 지위를 통해 자신의 가치를 증명하려고 한다. 자기보다 조금이라도 못한 사람을 아무렇지 않게 대하는 심성들이 이미 사회적 관성으로 고착화되었다는 현실이 우리를 더욱 슬프게 만들고 있다.

모멸감을 주는 1등 공신은 역시나 언어폭력에 있다. 어느 아파트 경비원 대상으로 조사한 결과 불안전한 고용 조건 속에서 대부분 언어적 폭력을 경험했지만 항의는커녕 냉가슴 앓듯 가슴에 쌓아 두다가 엉뚱한 곳에서 터트리고 있다. 인간은 언어적 존재이기에 처음 보는 이라도 언어를 통해 상대를 가름해 볼 수 있다. 건강한 사람일수록 진실하고 화평의 말을 하고 병적인 사람일수록 거짓과 분리의 말이 쏟아져 나온다.

타인에게 하는 말은 곧 자기에게 하는 말이다. 자기 자신을 혐오하기에 남을 함부로 대한다. 자존감이 무너진 사람은 누구라도 필요 이상의 감정을 퍼 붓는다. 그러므로 사람의 능력은 외적 기준이 아니라 언어 사용에 있다. "말 한 마디가 천 냥 빚을 갚는다"라는 속담은 그 반대의 의미로도 쓰일 수 있어서 말 한 마디로 한 가정을 무너지게 만들 수 있다. "할머니도 외로워서 그랬을 겁니다"라고 어느 지인은 대변인처럼 말했다. 틀린 말은 아니지만 고인의 심적 고통을 생각하면 그런 이해보다는 왜 이런 사람이 많아질까 하는 의아심 속의 두려움이 앞선다.

생전에 그는 할머니로 인해 얼마나 심적 고통을 당했는지 분신 뒤 잠시 깨어났을 때 첫 마디가 '마귀할멈'이었다. 어떤 환경이든 간에 분명한 것은 갈수록 이와 유사한 인간들은 늘어만 가고 있다는 사실이다. 외적인 부도 축복이지만 타고한 심성은 더 큰 축복이라는 것을 이번 일을 통해 또 한 번 깨닫게 되었다.

나이 들수록 옳은 것도 중요하지만 까칠한 것은 더 나쁜 짓이다. 젊었을 때 까탈스러운 것은 매력일 수도 있지만 나이 들어서 그런 짓은 노망과 다를 바가 없다고 말하는 것은 그들은 죽음을 준비하지 않기 때문이다.

노인이 되면 그렇지 않아도 젊은이들이 함께하길 꺼리는데 심성까지 까칠하면 노후는 더더욱 외로울 수밖에 없다. 사람은 연금만 갖고 사는 것이 아니다. 좋은 이웃은 넉넉한 노후 자금과 비할 수 없는 하늘의 보고와도 같다. 지옥은 이웃이 없는 사람의 몫이다. 그들은 늘 바이블에 나오는 잔인한 부자처럼 뒤 늦은 회개를 한다.

지금 행복하자. 지금 이웃과 더불어 살자. 지금 사과하자. 지금 하늘을 준비하자. 그래야만 잠에서 깨어나 눈을 뜰 때마다 개운함이 찾아오고 하루가 행복하고, 내일이 행복하고 영원히 행복한 인생으로 살아갈 수 있다. 설령 갑작스럽게 죽음이 찾아와도 두려워하지 않고 기쁨으로 긴 여정을 출발할 수 있다.

현실과
환상

어느 조직폭력배 두목의 고백이다. “영화에서 나오는 우리들의 모습은 멋있게 나오던데 그렇게 영화대로 된다면 우리는 그 생활을 계속 했을 것이다. 조양은이 지금 어떻게 되었는가? 김태촌은 지금 뭐하고 있단 말인가? 조폭 생활 30년하고서 남은 것이라곤 문신과 흉터들 그리고 전과와 부모에게 씻지 못할 죄 밖에 없다.”

영화와 현실은 이렇게나 다름에도 많은 젊은이들은 이런 영상물을 보고 조폭을 동경한다. 또 실제로 그 길로 들어서는 사람도 있다. 우리나라에서 큰 별들이 많기로 소문 난 안동교도소와 청송감호소에서 나는 몇 년 동안 상담과 예배를 인도한 적이 있었다.

새 학기가 되면 교무과에서는 대학생처럼 새로 담당할 재소자들의 수인번호와 죄명이 적힌 출석부를 준다. 그 중에서 너무 어이없는 범죄동기 때문에 지금도 잊을 수 없는 어떤 젊은 재소자가 있다. 그는 학생 때부터 폭력영화를 즐겨 보면서 유명한 킬러가 되는 꿈을 꾸었다. 꿈은 이루어진다고 자신의 소원대로 대학 다닐 때 정말로 사람을 죽여 15년을 언도 받고 교도소에서 복역 중에 있다가 종교를 가지면서 나를 만났다. 사람들은 왜 이렇게 이상과 현실이 다르다는 것을 모르고 영화 속의 주인공이 되려고 할까.

그것은 자신이 현실에서 이루지 못한 꿈을 영상물에 나오는 주인공을 통해서라도 보상받고 싶은 마음이 크기 때문이다. 하지만 나이 들수록 그 꿈을 이룰 수 없는 자신이 얼마나 무능한 존재인가를 깨닫기 시작한다. 나도 초등학교 땐 꿈이 과학자였지만 20대가 되어서는 그 꿈은 '평범한 사람'으로 바뀌었다.

이렇듯 자신이 이루지 못한 꿈을 영상물을 보면서 대리만족을 누리고자 한다. 적어도 영화 보는 시간만은 자신이 초능력자가 되어 악당들을 물리친다. 또한 현실에서 이루지 못한 사랑도 이루고 평소 자신이 그렇게 부러워했던 성공한 사람도 될 수 있으니 얼마나 좋겠는가.

무엇보다도 사람들이 영화 속의 주인공이 되고 싶은 또 다른 이유는 아주 적은 돈으로 손쉽게 환상에 빠질 수 있기 때문이다. 우리는 날마다 이웃과 더불어 살아가지만 부분적으로만 그들을 이해할 뿐 자세히는 알지 못한다. 아니 자신에 대해서도 정확하게 알지 못한 채 살아가고 있는지 모르겠다. 그렇게 서로 간에 알지 못하는 부분들이 어느덧 환상으로 채워지게 된다.

이렇게 현실에서 갖지 못한 것과 이루지 못한 것들에 대한 욕망의 발로로 무언가를 찾고 있는데, 그 중에 가장 손쉬운 방법이 영화나 드라마를 보는 일이다. 하지만 문제는 이런 식의 환상은 현실에 대한 감각을 더욱 무디게 한다는 것을 알아야 한다. 오늘도 우리에게 환상을 제공해 주는 수많은 영상들과 광고에서 흘러나오는 말들을 자세하게 살펴보라. "당신은 소중하니까요." 왜 소중하다고 말할까? 분명 이유가 있다.

"You First." 사실은 자신의 회사 이익이 우선인데 말은 이런 식으로 하고 있다. "열심히 일한 당신 떠나라!"지금 우리 사회는 이 광고카피대로 되어버렸다. 열심히 일한 사람들이 명퇴 당하여 그 광고주 소원대로 무직이라는 여행을 떠나게 되었다. 결국 이런 식의 환상들은 무서운 현실을 무디게 만들고 더 나아가 현실을 왜곡시켜 현실에서 정상적인 삶을 어렵게 만드는 것이 더 큰 문제가 되고 있다.

「해리포터」주인공 다니엘은 일약 세계적인 스타가 되었는데 약물 중독으로 치료를 받았고, 지금도 발달장애로 고통당하고 있다. 그는 자신이 마법의 주인공으로 착각하고 살았는지 혹독한 현실의 벽에 부딪치면서 이기지 못해 병원신세를 지게 되었다. 그럼에도 괘씸한 일은 그 책 저자인 조엔 롤링은 공개적으로 "나는 어떤 마법도 믿지 않는다"라고 했다고 한다. 그녀는 소설이라는 매체를 통해 단순히 돈만 벌었지 그 책의 독자나 영화를 본 사람들에게 발생되는 이런 역기능적인 일에는 아무 상관이 없는 사람이었다.

영화나 드라마를 거절하며 살아갈 수는 없다. 현재의 삶이 너무 힘들고 고달파도 잠시 동안 피난처로써 환상에 빠지고 싶어 보게 되는 영상은 마치 마약을 마시는 것과 다를 것이 없을 것이다.

그래서 평소에 영화를 많이 보는 사람, 평소에 낮잠을 많이 자는 사람, 평소에 한 가지 일에 깊이 빠져 있는 사람일수록 현실성이 다른 사람에 비해 많이 떨어진다는 통계가 나와 있다.

그럼에도 그들은 그런 현실적인 문제에 대한 책임은 본인에게 있지 않고 세상에 있는 것처럼 제도적인 모순들을 들먹이며 세상과 타인을 원망하기가 일쑤다. 그것은 내 자신을 돌이켜 볼 때도 마찬가지였다. 내가 하늘 아래 부끄럼 없이 자신의 일에 최선을 다하고 있을 때는 세상 모든 일에 대해서 감사와 사랑이 넘쳤었다. 마치 내 이웃들이 나를 돕기 위해 존재하는 것처럼 느껴질 정도였다. 반대로 내가 현실에 충실하지 않고 환상적인 일에만 빠지고 싶을 때는 세상 모든 것들이 원망스러웠고 사람들 자체가 싫었다. 나는 오늘도 싸워야만 한다.

인생개조 프로젝트

어느 날 작은 딸이 재미있는 영화를 예매해 놓았다고 시간을 비어두라고 했다. 〈내가 죽기 전에 가장 듣고 싶은 말〉이라는 영화는 완벽한 죽음을 앞 둔 어느 할머니의 마지막 인생 개조 프로젝트였다. 은퇴한 광고회사 보스 해리엇은 자신의 사망기사를 미리 정하기 위하여 전문기자인 앤을 고용한다. 앤은 기사 취재 차 해리엇의 지인들을 만났지만 아름다운 미담은커녕 저주만 듣고선 낙심하고 있을 때 해리엇이 뜻밖의 제안을 한다. 과거지사 어찌되었든 늦었지만 이제라도 자신의 완벽한 사망기사를 쓰기 위해서라도, '네 가지 조건'대로 살아보고 죽을 땐 떳떳한 사망기사를 원한다는 것이었다.

영화는 여기부터 시작된다. 해리엇은 살아있을 때 괜찮은 인생이라도 죽음이 완벽해야 성공한 인생임을 알고 있었다. 그 과제를 풀기 위해 남은 인생을 의도적이라도 새로운 조건에 맞춰 살아보기로 한 것이다. 그녀가 아니더라도 인생은 살아있을 때 공헌도 중요하지만 그것보다는 내가 죽을 때 '객관적으로 어떤 평가를 받을 수 있는가?'라는 끊임없는 질문이 왜 필요하겠는가. 한 번도 가보지 않았던 죽음의 길을 아무 계획 없이, 아무 대책 없이 갈 수 있는 강심장의 소유자가 있겠는가.

죽음을 준비하지 않는 인생을 향해 토마스 아켐피스는 "이상하게도 사람들은 자그마한 유익을 위해서라면 긴 여행도 서둘러 떠나면서 정작 영원한 생명을 위해서는 한 걸음도 떼지 않으려고 한다"라고 했다. 모든 인간은 언젠가 죽는 다는 것을 알면서도 정작 죽음 이후에 벌어지는 일에 대해서는 이상하게도 별 관심도 없이 사는 경우가 허다하다. 이 문제는 종교의 영역을 떠나서 최소한 죽음을 두려움 없이 맞이하기 위해서라도 남은 인생은 이제라도 해리엇처럼 어떤 식이든 조건이 요구되어진다.

인생은 농부처럼 내가 뿌린 것들은 대부분 살아있을 때 거둔다. 하지만 실상 내가 죽은 뒤에 거두는 열매가 더 중요하다. 그것은 죽음을 대하는 자신의 모습과 죽음 이후에 자녀들의 삶이다. 그리고 무엇보다도 죽고 난 후 사람들에게 받게 되는 자신의 평가가 어찌 보면 진정한 한 인생의 열매가 될 것이다. 물론 사람마다 다르겠지만 우선 우리도 해리엇의 '네 가지 조건'대로 남은 생을 살아보면 어떨까.

첫째는 '가족들에게 사랑을 받아야한다'는 미션이다. 원래 사람은 사각형이었는데 굴러서 둥글어진 것이 사랑이라고 했다. 가정은 다른 어떤 것보다 사랑을 알고 실습하기에 최적의 장소로 사랑의 사람을 가능하게 만들어 준다. 그럼에도 다른 공동체보다 가정에서 사랑받기가 더 어렵다. 가정에서 '나'란 벌거벗겨 놓은 것처럼 거짓이 도무지 통하지 않기에 그런 것이다. 가정에서 사랑받는다면 그는 세상 어딜 가도 모두에게 사랑받고 인정받을 것이다.

둘째는 '친구와 동료들에게 칭찬을 받아야 한다'는 미션이다. 하이데거 철학은 어렵지만 오랫동안 관심의 대상이 되었던 이유는 그의 철학의 중심이 '나와 세상' 그리고 '만물'은 서로 하나로 얽혀 있다는 관계성 때문이다. 이런 관계성으로 인간은 쿨하게 혼자 살 수 없고 타인에게 좋은 평가를 받아야 인생의 의미와 행복을 느끼게 된다. 인정받는다는 것은 상대에게 의미를 주고 있고 좋은 관계를 맺고 있다는 간접증거다. 어느 자리에서나 인정받는 사람들에게 믿음이라는 공통점이 있다. 인정은 믿음이다. 먼저 믿을만한 사람이 되어야 한다. 세상이 아무리 악해도 사랑이 있는지, 진실한지, 정직한지, 충성을 다하는지 여러 일들을 통해 자연스럽게 검증되면서 믿어지는 사람은 자꾸만 안으로 들어오게 된다.

셋째는 '아주 우연히 누군가의 삶에 영향을 끼친다'는 조건이다. 가족들에게 사랑받고 동료들에게 칭찬받았다면 그는 누군가에게 영향을 끼치며 살고 있음이 분명하다. 어찌 보면 인간의 존재 목적은 좋은 영향력을 끼치는 것이다. 그 일은 뿌듯하면서도 무게가 느껴지기에 한 때의 연기가 아닌 평소 인간성이 때와 상황에 따라 어떤 식으로든 영향을 주게 되어 있다. 그들은 먼저 자신에게는 엄격하다. 시간이나 재정 그리고 인간관계에서는 현실에 안주하지 않고 철저한 원칙 속에서 관리한다. 하지만 타인에게는 아날로그로 대한다. 매사 남 탓하지 않고 매사 나를 넘어 우리라는 동질감이 들도록 눈앞의 유익보다 진실을 판단기준으로 삼기에 사람들이 따르고 선한 기운을 불어넣어주는 사람이 되어간다.

마지막 미션은 '삶의 마지막을 장식할 와일드카드를 가져야 한다'는 것이다. 게임에서 와일드카드는 아무 카드나 대용으로 쓸 수 있는 것인데 죽기 전에 쓸 카드는 무엇일까. 60 전까지는 남들이 보기에 좋아 보이는 카드만을 사용했다 해도 60을 넘었다면 그건 아무 것도 아니다. 이제는 정말 내가 평소 하고 싶었던 카드를 주저 없이 쓰므로 인생의 대미를 장식해야 한다. 어차피 인생엔 정답이 없다. 이제는 어리석게 내일을 위해 오늘을 놓쳐서는 안 된다. 내일이 있는 것처럼 사는 것이 아니라, 지금 당장 죽을 것처럼 매 순간에 집중해야만 한다.

엘리엇 충고대로 이제는 좋은 날이 아니라, 하루하루가 기억에 남을 날로 보내야 한다. 앤처럼 내 감정에 솔직하고 자신만의 칼라를 갖고 살아야 얼마 남지 않은 인생이 두려움 없이 죽음을 맞이하게 된다.

게으름

오래 전에 읽었던 김남준의 〈게으름〉이 서가에서 눈에 띄었다. 새삼 다시 보고 싶은 마음이 생겨 단숨에 읽어 내려갔다. 게으름은 옷을 먹는 좀처럼 인생의 열정을 좀 먹는 은밀한 대적임에도 '귀차니즘'이라는 라이프스타일이 생겨날 정도로 게으름을 즐기는 신세대들이 많다. "게으른 사람은 마귀도 안 쓴다"라는 영국 속담처럼 인생에서 가장 위험한 그 녀석과 우리는 평생 싸워야 할 과제가 주어졌다. 그래서 가장 강조하는 삶의 가치를 성실로 여기는 것이다.

게으름의 뿌리는 무엇보다도 빗나간 자기사랑이다. 긍정적인 자기사랑은 보통 'care'라는 말로 정리한다. 부정적인 자기사랑은 자신과의 대화(communication), 자신에 감사(appreciation), 자기존중(respect), 자기감정(empathy) 등 모든 초점과 영광이 자신에게만 맞추어져 있다.

게으름의 뿌리는 목표의식이 없는데서 시작된다. 게으름 부린다는 것은 자신이 해야 할 이유를 못 느끼거나 목표가 없기에 빈둥

거리는 것이다. 목표가 없는 인생은 에너지가 쉽게 고갈되어 의욕이 생기지 않아 늘 피곤하다는 말을 자주한다. 이런 사람은 중도에 일을 그만 두는 것이 특기이며 또 유혹에도 잘 넘어간다.

게으름의 뿌리는 뒤로 미루는 성품이다. 일을 뒤로 미루면 당장은 편할지 몰라도 마음의 짐은 부채처럼 더욱 누적된다. 뒤로 미루다보면 자신도 모르게 내일에 대한 중독증에 걸린다. 도쿄에 고라꾸엥(後樂園)공원이 있다. 그 이름처럼 고통은 지금, 기쁨은 나중에 와야 행복한 인생인데 게으른 자는 그 반대로 살아간다.

게으름의 뿌리로 인한 결과는 무엇일까. 게으름을 피우면 일이 잘 안 되어 불평하게 된다. 또 관습대로 게으름 부리다가 결과를 보고 또 불평하게 되고 이것이 게으른 인생의 악순환이 된다. 자기사랑과 목표가 없어서 나중으로 미루는 성품 때문에 게으름을 부린 것까지는 좋았지만 뿌린 대로 거두어야만 한다.

게으름의 결과는 자기변명이다. 아담이후 사람들은 자기변명병에 걸려있지만 게으른 자는 다른 사람에 비해 핑계거리가 더 왕성하다. 핑계가 많을수록 자신의 일은 더 늦어지고, 사람들에게 불성실한 사람으로 낙인찍힌다. 그래서 이웃과 관계가 소원해지고 있음에도 여전히 외적 이유를 갖고 핑계를 댄다. 진짜 이유는 하기 싫고, 관심이 없고, 덜 사랑하기에 게으름을 피우는 것이다.

게으름의 결과는 자기착각이다. 모든 사람들은 착각하며 살아가지만 게으른 자가 더 착각을 잘 하는 이유는 평소 성실하게 일하지 않기 때문에 정도를 모른 채 그저 자기 체면만 생각하다가 자기 착각에 빠지게 된다. 부지런한 사람은 자신의 위치를 바로 알기에 정신 건강에 유익한 착각을 하지만 게으른 자의 착각은 이미 중독된 사람처럼 통제할 수 없기에 자기비애에 빠지고 자기포기에 이르게 된다.

게으름의 마지막 결과는 고통의 삶이다. 게으른 자들은 절실한 꿈이 없기에 넓고 쉬운 길을 선택한다. 넓은 길에는 자신과의 씨름, 죄와의 고민 또 사명에 대한 책임도 없다. 처음에 가기는 좋지만 사실 그 길은 온갖 위험이 노출된 길이다. 육신은 많이 먹고 운동도 안 하기에 몸은 비대하고, 의지가 나약해져 죄의 욕망을 이길 힘이 없다. 인격은 서서히 망해간다. 영혼은 급히 부패되어 그를 부리는 사람에게 이(齒)에 초 같고 눈에 연기 같은 존재가 되는 것이다.

그렇다면 게으름의 문제를 어떻게 해결할 것인가. 무엇보다도 자기자각에서 출발해야 한다. 초대공동체 라오디게아처럼 자신의 현재의 모습을 바로 볼 수 없다면 손가락이 떨어져 나가도 통증이 없는 한센씨 병에 걸린 사람들과 다를 것이 없다. 타산지석(他山之石)이란 말처럼 나와 상관없는 일에서도 신속히 자신을 돌아보아야 지혜로운 사람인데 게으른 자는 도무지 그럴 능력이 없다.

자기자각 후엔 시간관리에 마음을 두어야 한다. 시간은 매일 신이 내려주는 신비한 선물이다. 하루 86,400초를 어떻게 관리하느냐에 따라서 인생이 결정된다. 시간은 돈과 비교할 수 없는 생명 그 자체다. 시간은 평생 동역할 사람을 선택하는데 사용되는 척도요, 성공과 실패를 가름할 수 있는 바로미터이다. 이 시간을 잘 관리하기 위해서는 잠부터 다스려야 한다. 잠은 게으름이 배어들기 가장 좋은 곳이요, 가장 가책을 덜 느끼게 하는 죄이다.

마지막으로 게으름을 이기려면 분명한 비전이 있어야 한다. 비전이란 현 상황에서 바라본 내일에 대한 목표이다. 인생은 꿈대로 이루어지므로 분명한 비전을 세워 전략을 짜야 한다. 사람은 비전만큼 기도하고, 비전만큼 열정을 갖고 일한다. 신은 준비되지 않은 자를 절대로 쓰지 않으신다. 사랑에 눈 뜬 사람처럼 오직 내일을 철저하게 준비하는 사람을 오늘도 찾고 계시며 사용하신다. 이렇게 비전이 있는 자는 게으름을 피울 수가 없고, 자신을 이기며, 열심을 품고 사명을 이루며 살아간다.

지금 해야 할 일

어느 한국 유학생이 영어 때문에 애를 먹는데 이상하게도 심리학 시간엔 딴 사람이 되었다. 그 교수는 영어를 못 해도 학생들의 장점을 인정하고 격려하기 때문이다. 어느 날 교수는 강의를 시작하면서 주제를 칠판에 섰다. “만약 당신이 사흘 후에 죽는다면...” 여기에 관해 세 가지 일을 생각해 보고 발표해 보라고 했다. 학생들이 갖고 온 답에는 다음 세 가지의 공통점이 있었다.

-부모님을 찾아뵙는다.
-사랑하는 사람과 여행한다.
-다툰 사람과 화해하고 용서를 구한다.

의외로 죽음을 앞두고 하고 싶은 세 가지 일들은 지극히 평범한 것들이었다. 학생들의 대답을 다 들은 후에 교수는 칠판에 이렇게 섰다. “Do it now!” 죽음이 닥치기 전에 지금 즉시 그 일들을 하라고 말했다.

〈남자의 자격〉에서는 죽기 전에 꼭 해봐야 할 일이라는 것이 F16 전투기 타보기, 마라톤 완주, 지리산 정상 등반, 밴드를 결성하는 일 등 황당한 일들이 많았다. 하지만 정말 죽음을 앞두고 이런 일들이 의미가 있을까. 오히려 그 학생들처럼 의외로 일상 속에 꿈꾸었던 일들을 해보고 싶지 않겠는가.

가장 본질은 행복한 삶이다. 어느 언론사에서 한국인의 행복에 대해 조사했는데 "지금 나는 행복하다"는 사람은 5% 밖에 되지 않았다. 또 "무엇으로 행복해질까?"라고 물었더니 한국인은 주저 없이 '물질'이라고 말했다. 행복은 물질이 아니다. 우리가 행복하려면 함께 하는 사람과 화목해야 한다. 삶의 고통이란 물질의 부족이 아니라 말할 대상도 없고 자신을 인정해 주거나 자신을 바라보는 사람이 없을 때 느끼는 감정이다. 영웅은 자신을 알아주는 군주를 위해 목숨을 바친다고 한다. 사람의 관계는 이처럼 마음만 통한다면 가장 소중한 목숨까지도 바칠 정도로 헌신적일 수가 있다. 그것이 살아가는 근본적인 이유이기 때문이다.

지난 6천 년간의 인류 역사에서 전쟁이 없었던 해는 겨우 268년밖에 없었다고 한다. 미움과 분쟁이 있는 곳에 행복이 있을 수 없다. 내일 죽든 50년을 더 살다가 죽든 서로 조화를 이루며 화평을 이루며 살아가야 죽어도 후회하지 않을 것이다. 진리는 항상 가까이에 있다. 잘났든 못났든 그들처럼 있는 모습 그대로 인정하면서 하모니를 이루어 갈 때 행복의 꽃은 피어나게 된다.

다음으론 죽기 전에 후회하지 않으려면 지금 사랑해야 한다. 사랑하기에도 짧은 생이건만 사람들은 수없는 상처를 주고받으며 살아가고 있다. 생의 척도는 사랑에 달려있다. 믿지 않았기에 빨리 끝나버리고, 그리워하지 않았기에 인내하지 못하고 포기했던 것이다. 사랑처럼 정직한 것도 없다. 내가 먼저 주지 않으면 상대도 주지 않는다. 사랑처럼 무모한 것도 없다. 사랑은 몸과 인생을 다 주어도 결코 망하는 법이 없다.

그 사랑은 오늘도 용서를 통해 구체화된다. 용서에는 두 가지 원리가 있다. 용서란 자신을 위한 일이다. 자신을 먼저 사랑해야 남을 사랑할 수 있듯이 자신을 용서하는 자가 다른 사람을 용서할 수 있다. 똑같이 스승을 배반했지만 유다는 자신을 용서하지 못해 자살했고 베드로는 과거를 용서했기에 순교자가 되었다. 또 다른 용서의 대원리는 용서의 유통기간은 하루라는 사실이다. 분은 해를 넘기지 말라고 말했듯이 미움의 유통기간은 하루뿐이다. 상처는 빨리 치유해야한다. 죽음을 앞두고서야 용서를 생각한다면 분명 실패한 인생이다. 하루 사이에 죽을지도 모르기에 용서는 뒤로 미루지 말고 지금 해야 하는 일이다.

마지막으로 죽음을 앞두고 후회하지 않으려면 봉사해야 한다. 인생에서 가장 중요한 일, 사랑과 용서는 봉사를 통해 비로써 결실을 맺게 된다. 마치 신을 섬기듯 연약한 사람들을 봉사할 때 그들의 삶의 일부를 느낌으로 또 다른 세상을 알게 된다. 정이 그리운 사람들을 만나면서 인색했던 마음이 너그러워지고 생의 목적은 성공이 아니라 이웃과 나눔에 있음을 스스로 알게 된다.

백 마디 말보다도 한 번의 직접 봉사를 통해 돈 보다 더 귀한 인생의 가치들을 배우게 된다. 이러한 인생의 중요 가치보다도 더 중요한 일은 자기밖에 모르고 앞만 보고 달렸던 자신을 발견하는 일이다. 그 때 가서야 비로써 내일과 이웃 그리고 진지하게 자신의 죽음을 생각해 볼 수 있기 때문이다. 어느 광고에 나온 것처럼 팔등신의 여인도 아름답지만 따뜻한 마음을 나눌 줄 아는 사람은 아로마 향기보다 더 진한 감동을 준다. 봉사가 어느 한 때의 이벤트가 아니고 이미 삶의 일부분이 되어갈 때 내 양심을 지키고 겸허하게 신의 섭리를 받아들이므로 여유 있는 내일을 맞이하게 한다.

인생 운전

며칠 전 후배가 심장마비로 죽고, 동료는 췌장암으로, 같은 멤버는 교통사고로 세상을 떠났다. "인생은 왕복표가 없기에 출발하면 다시는 돌아올 수 없다"라는 로망롤랑의 말이 생각났다. 긴 장거리 인생여정에서 우리는 어떻게 인생운전을 해야 무사히 목적지까지 도착할 수 있을까. 현직에 있을 땐 열심히 일해야 하지만 은퇴 이후엔 인생을 즐기며 살다가 하늘의 부름을 받을 때 부끄러움 없이 서야한다. 대과없이 편안하게 죽음을 맞이하는 사람들이 부러울 때가 한두 번이 아니었다.

이전에 어르신들은 남자가 세상에서 성공하려면 여자와 술 그리고 도박을 조심하라고 했다. 이젠 '카메라'가 더 추가되었다. 모든 운전자들은 예외 없이 감시카메라를 의식할 수밖에 없다. 인생도 마찬가지다. 사람들은 요람에서 무덤에 갈 때까지 전 과정이 CCTV 카메라처럼 모든 것이 기록되고 있음을 인식해야만 겸손하게 살아갈 수 있다. 만약 연기자가 카메라 앞에서 힘을 다했는데 어느 순간부터 카메라 앞에서도 설렘이 없다면 이미 늙었다는 것이다. 꿈이 사라졌다는 증거다. 운전자는 카메라를 바라보며 운전해야 한다. 나그네는 인생카메라를 의식하며 속도, 감정, 계획을 조절해야만 목적지가 보여도 당황치 않고 운전대에서 내려 올 수 있다.

등산할 때 대부분 사고는 올라갈 때 보다는 내려올 때 발생한다. 나이가 들면 필요한 것이 그리 많지 않다. 당연한 일상 속에 진리가 담겨있다. 과식, 과로, 과욕... 모든 문제는 현실에 만족하지 못하고 욕심을 내다가 일이 터진다. 인생운전도 나이가 들어 이젠 내려갈 때가 되었으면 더욱 감정조절을 잘 해야 한다.

나이 들면 가장 큰 문제는 돈이 아니라 외로움이다. 누구 말대로 65세만 지나면 이유 불문하고 만나길 꺼려진다는 이유로 우리는 외로움과 싸워야 한다. 하지만 광야 길에서 외로움은 당연한 이치인지 모르겠다. 미국에 갔을 때 나는 도시의 화려함보다는 모하비 사막에 훨씬 더 미국적인 인상을 받은 것도 그런 연유에서다. 우린 언제까지 환경만 핑계할 것인가. 이스라엘이 메마른 광야 길을 지날 때 끊임없이 모세에게 원망과 불평을 일삼았다. 광야와 같은 인생길에서 원망과 불평을 가장 조심해야 하는 이유는 그것은 혈기와 분노로 이어지면서 자신의 말대로 인생이 만들어져서 목적지에 갈 수 없기 때문이다.

인생운전에서 목적지에 누가 빨리 가느냐가 중요치 않다. 인생은 속도가 아니라 방향이요, 정도에 있기 때문이다. 인생에서 가장 불행한 일은 정도나 방향보다는 오로지 속도가 인생의 목적인 것처럼 항상 쫓기듯 분주하게 살아가는 것이다. 상대에 대한 배려를 망각하고 자신의 주변 환경을 돌아보지 못하는 막가파 생을 연출하는 것이다. 마치 빨리 운전하느라 아름다운 풍경을 놓치고 목적지로만 내 달리는 운전은 수단밖에 아무 의미가 없기에 인생이 피곤한 것이다. 분명 외적으론 무언가가 날마다 채워가듯 하나 심령은 속빈 강정처럼 허전하고 허무한 삶이 일상이 되어버린다. 비록 남들보다 빨리 정상에 도착한들 무슨 재미와 보람이 있겠는가.

인생운전은 앞만 잘 본다고 되지 않는다. 앞뒤 좌우를 돌아봐야 사고가 없다. 나만 옳으면 무엇 하랴. 잘난 내 철학 때문에 거리를 두고 이웃을 외면한다면 분명 인생운전을 잘못하고 있음이 분명하다. "40대에는 지식이 평등해지고, 50대에는 외모가, 60대에는 인물이, 70대에는 건강이, 80대에는 목숨의 평준화가 이루어진다"라는 말이 있다. 세상은 언제나 불공평하다는 피해의식을 갖고 있을 땐 친구가 없다. 하지만 어느 순간부터 산도 낮아지고 계곡도 높아짐으로 모두가 비슷비슷해 진다는 것을 알고선 거리를 두지 않고 관대한 마음을 갖게 된다. 그 때 진정한 하나 됨을 느끼면서 소돔 같은 세상 속에서도 평안을 누리며 이웃을 돌아볼 수 있다. 결국 인생종착역 앞에서도 겁먹지 않고 내릴 준비를 할 수 있게 된다.

다만 하나의 과제는 그 때가 오기까지 몸은 아직 땅에 있기에 끊임없는 유혹들을 이겨야만 가나안에 들어갈 수 있다. 인생의 큰 유혹은 돈이나 성, 권력이 아닌 반복되는 일상 속에서 안락한 삶을 즐기느라 지금 내가 감당해야할 사명을 망각하고 살아가는 자신의 모습을 보지 못하게 하는 것이다.

가장 궁극적인 유혹은 다른 이와 비교하는 일이다. 인간은 늘 비교를 통해 자신의 우월성을 보여주려고 한다. 외모, 건강, 신분, 새 집과 새 차 그리고 명예와 자식 등을 통해 상대와 차별화하고 상대적인 격차가 있음을 알게 하므로 자신은 그만큼 월등하고 특별한 존재임을 확인해야만 행복한 생이 된다고 착각하고 있다. 하지만 진정으로 성숙한 자는 자신의 연약함, 약점까지도 부끄러워하지 않고 주어진 모습에서 감사하며 살아간다는 것이다. 내 커트라인을 낮추어 누구라도 그 모습 그대로 인정하므로 함께 공감할 때 먼저 자신이 행복하고 이웃이 나로 인해 행복하게 된다. 다른 것은 몰라도 그는 분명 인생운전을 잘 하고 있기에 신 앞에서도 두렵지 않을 것이다.

편하지만 외롭다

〈미운 오리 새끼〉 방송에서 주병진 집을 찾아 갔는데 박수홍은 어릴 때부터 롤 모델이었던 주병진과의 만남에 들떠있었다. 주병진은 많은 싱글의 로망이지만 정작 본인은 다른 입장을 갖고 있었다. 엄청나게 큰 팬트하우스에서 살고 있지만 그는 "진짜 따뜻한 집이 될 수 없다"라고 강조했던 것은 '진정한 집'은 사람과 함께 사는 집이기 때문이다. "내 전 재산을 다 주고라도 너희 나이로만 갈 수 있다면 나는 가겠다. 가서 반드시 결혼할 것이다" 라고 하며 혼자 사는 것은 편하지만 외롭다고 하였다.

어느 날 뇌졸중 증세로 급히 응급실로 갔는데 간호사가 보호자 연락처를 물었다. 그는 "보호자가 없다"라고 대답할 때 새삼스럽게 가족의 빈자리가 얼마나 큰지를 깨달았다고 한다. 후배를 위한 걱정되는 마음이 고스란히 담겨있는 그의 말 한마디는 그가 살아오면서 겪는 경험이라 돈으로 살 수 없는 소중한 금언이었다.

어느 순간 의식주가 해결된 이후엔 문화적 욕구와 명예욕까지 채워보지만 고독과 외로움은 오히려 더 커져만 가며 또 다른 그리움만 쌓여가고 있는 이유는 무엇일까. 어느덧 '홀로'(alone), '외로이'(lonely), 그리고 '고독'(loneliness)이라는 세 단어가 이 시대에 어이없게도 가장 위력적인 의미로 자리 잡아 가고 있다.

"그대가 곁에 있어도 나는 그대가 그립다"라는 어느 시처럼 곁에 사람이 있어도 외로운 이유를 칼 로저스는 이렇게 말했다. 내 안의 있는 모습을 그대로 보여 줬을 때 상대가 수용해 주지 않을까하는 두려움 때문에 마음의 문을 열지 못하면서 외로움은 커져만 간다는 것이다. 자신은 솔직하게 다 보여주고 싶은데 상대가 내 약점을 평가하고 상처내지 않을까하는 두려움이 외로움 속에서도 가까이 가질 못하게 만드는 것이다. 가까이 가고 싶어도 상대를 신뢰할 수 없기에 최소한의 관계 속에서만 가면을 쓴 채 피상적인 만남을 갖다보니 마음은 공허하며 삶은 외로울 수밖에 없다.

"아프냐? 나도 아프다." 이 명대사는 '내면아이'와 현재의 나와의 관계를 쉽게 설명하는 대목이다. 과거에 상처받은 아이가 지금도 내 안에 살고 있다. 그 애가 바로 '내면아이'다. 그 아이가 때때로 근심이나 열등감, 분노 그리고 죄책감에 빠지게 되면 내 마음은 뒤죽박죽되면서 스스로 '쓸모없는 인생', '실패자'로 느껴져 사람들과 거리를 두면서 외로움은 더 극에 달한다.

그러나 그것은 거짓 메시지이다. 그는 속고 살았다. 인생은 외로울지라도 버림받은 존재가 아닌 것은 불행한 과거 자체가 '자아'가 아니기에 그렇다. 누구라도 이 어둠에서 벗어나려면 "나는 어디에서 왔는가? 지금 어디로 가고 있는가" 왜 나는 지금 이 곳에 있는가"라는 인생의 본질적 질문에서 출발해야 한다. 1억 원 수표는 아무리 발로 밟고 침을 뱉어도 여전히 1억 원의 가치가 있다. 그렇다. 내가 설령 누군가에게 짓밟히고 버림받았다 해도 그러한 아픔이나 과거 자체가 '나'라는 존재 가치를 바꿀 수는 없는 것이다.

분명 '소외'라는 정신적 질병은 고독과 외로움이라는 원초적 고통을 가져다준다. 하지만 외로움이 꼭 나쁜 것만은 아니다. 몸과 그림자는 하나이듯 그러한 고통을 통해서 자신을 발견하는 통과 의례가 될 수도 있다. 어쩜 이 의식들을 제대로 지나가지 않으면 일평생 두려움과 분노, 우울증이라는 거짓자아 앞에 무릎을 꿇게 될지도 모른다.

외로움은 본시 사람에 대한 잘못된 기대에서 시작되는 것이라고 말한다. 외로움은 이기적인 인생의 여정 속에서 당연한 과정일지도 모른다. 사람이니까 외롭다고 자위해보지만 생각해 보면 외로움은 또 사람 때문에 생겨난 바이러스이다. 외로움이 온 몸을 감쌀 때마다 사람에 대한 기대를 버리면 버릴수록 좋다. 흔히 정치권이 무정하다고 말하지만 세상이 다 무정하다. 인간은 철저히 이기적이고 무정하다. 사람은 의지하고 기대할 대상이 아니라 사랑하고 용납할 대상임을 기억해야만 한다. 실망스러울 때마다, 홀로 있다는 느낌이 들 때마다 모든 기대를 내려놔야만 외로움에서 벗어날 수 있다.

한국인이 머리가 아픈 가장 큰 원인은 생각과다에 있다. 두통이 올 땐 생각을 줄여야 하듯이 외로울수록 자신을 묶고 있는 생각을 내려놔야 한다. 자기 생각에 빠질수록 억울하고 비참하고 바보 같다는 생각 밖에 안 든다. 벨트마냥 허리를 두르고 있던 뱃살도 살포시 내려놓아야 한다. 뱀처럼 머리를 감싸고 있는 기막힌 생각들을 내려놔야만 외로움에서 벗어나 일상의 행복이 가슴에 새겨지는 것이다.

나이가 들수록 꿈은 있지만 욕심은 내려놔야 우울하지 않고, 외로워도 견딜 수 있다. 내 안의 욕심을 비운만큼 이웃이 들어온다. 부버가 〈나와 너〉에서 말하듯이 '나와 너'는 인격적 만남이 되어야 함에도, '나와 그것'처럼 물질적 관계가 되어가기에 관계는 병과 상처를 안겨준다. 문제는 이 두 관계의 형성에 따라 삶의 양상이 달라진다. 부버는 더불어 살아가는 인격적인 관계형성을 통해서만 참다운 인생으로 살아갈 수 있다고 역설했다. 나도 외롭고 약하지만 나보다 더 외로운 소외된 이웃과 함께해야만 〈나와 그것〉이 〈나와 그〉가 되므로 인생의 멋과 맛을 알고 외로움 속에 사랑이라는 새순이 돋아 '소외'라는 자아를 벗어나 눈을 떠도 두렵지 않는 삶이 된다.

혼자 사는 사람

어릴 적 내 꿈은 과학자였는데 중학교에 들어가더니 그 꿈은 바로 수정될 수밖에 없었다. 청년이 되자 나는 현실적 상황을 좀 더 제대로 인식했는지 그냥 평범한 아버지나 되었으면 하는 꿈도 아닌 지극히 현실에 순응하는 사람이 되어버렸다. 그런데 초라한 그런 내 모습이 요즘 젊은이들에겐 결혼 때문에 어떤 꿈보다 요원한 현실이 되어가고 있다. 세상이 점점 악해지고 있다는 것보다 더 무서운 일은 이전엔 지극히 당연하게 여겨왔던 일들이 이젠 특별한 일로 여겨지고 있다는 것이다.

본시 '인간'이란 언어를 가지고 사고할 줄 알고, 사회를 이루며 사는 존재라는 정의에서 가장 핵심은 '사람 사이'에 있다. 곧 더불어 살아가므로 인간다움이 나타나고 인간의 멋과 맛이 드러나는 법인데 요즘엔 '더불어'가 아닌 뭐든지 '혼자' 하는 세상이 되어가고 있다. 이전엔 혼자 밥 먹고 영화 보는 일들을 본인들은 민망해하고 사람들은 측은히 여겼다. 지금은 모든 것을 혼자하려고만 애를 쓰고 실제로 혼자 살아가는 사람이 기하급수적으로 늘어가고 있는 추세이기에 〈나 혼자 산다〉라는 방송까지 생기지 않았던가.

흔히 말하는 '나 홀로 족'들이 많아져 그들을 위한 문화와 산업가치는 더욱 커져만 가고 있다. 그럼에도 염려가 되는 것은 갈수록 혼자 살 수밖에 없는 환경으로 내 몰리고 있기 때문이다. 취직과 결혼이 늦어지고 또한 의식변화로 인해 결혼해야한다는 생각도 약화되어가고 있다. 같이 사는 것조차 귀찮게 여겨지는 현대인의 특성이 이 상황을 더 심각하게 만들고 있다. 이러한 새로운 사회적 현상 앞에 어찌해야 할지 한숨이 나온다.

물론 인생은 처음엔 혼자였지만 가정을 통해 사회를 알고 세상을 알고 인생을 알고 이웃을 알아가게 된다. 그런데 왜 자연의 순리 같았던 이 일조차도 변화라는 흐름으로 혼자 밥 먹고, 혼자 여행하고, 혼자 생각하고, 혼자 사랑하는 것이 전혀 이상한 일이 아닌 일이 되어간단 말인가. 가장 쇼킹한 일은 이제 결혼까지 '나 홀로 한다'는 일은 동성애보다 더 큰 충격을 주고 있다. 다른 것은 혼자 뭘 해도 다 이해한다 해도 어찌 결혼까지 혼자한단 말인가.

새로운 신조어가 될 '싱글 웨딩'도 알고 보면 결혼이 늦어지면서 어쩔 수 없는 현실적 대안의 하나이기에 그들을 탓하기 보단 측은한 마음이 더 들 뿐이다. 결혼이란 당연히 짝이 있어야 하는데 어찌 싱글 웨딩이 가당치나 한 말인가. 이유는 간단하다. 더 나이 들기 전에 조금이라도 젊었을 때 웨딩촬영이라도 해놓자는 것이다. 경제적 문제로 결혼하지 못하는 젊은이들에게 결혼에 대한 환상을 싱글 웨딩으로라도 충족하자는 것이다.

물론 사진첩에 가장 아름다운 모습은 남아있지만 배경엔 이 시대 젊은이들의 암울한 모습이 담겨져 있다. 그들을 바라보는 부모의 마음은 어떠할까 짐작하고도 남을 만하다. 하지만 조물주는 아담을 만드신 후 혼자 사는 것이 좋지 아니하니 돕는 배필을 지으리라 하셨다. 혼자 사는 것은 외로움과 불편이라는 생존의 문제를 넘어 더불어 사는 것과 단순비교 할 때 인생의 의미나 목적을 알고 공유하기가 더 어렵기 때문이 아니겠는가.

이 일보다 더 심히 염려스러운 일은 혼자 살지 않고 가족과 함께 살아감에도 따스함을 느끼지 못하고 외로움과 고독에 눌려 살아가는 사람들이 늘어가고 있다는 현실이다. 오늘 이 시대에 가장 큰 불행은 따뜻한 품이 없다는 것이다. 과학과 현대문명은 우리에게 편리함을 가져준 대신에 따스함을 빼앗아 간지 오래다.

아이에게 필요한 것은 어머니 품이다. 남편에게 필요한 것은 아내의 품이다. 왜 청소년들이 늦은 밤까지 길거리에서 방황하고 있는가. 그들에게 따스한 엄마의 품을 빼앗아 가는 것이 무엇인가. 부부가 왜 서로 갈등하며 살아가고 있는가. 함께 누워도 따스한 온기가 없기에 독신으로 사는 이보다 더 큰 분리를 느끼며 살아가고 있는 이유는 무엇인가. 어리석게도 세상이 주는 권세, 성공과 출세를 위해 오매불망 소유에 집착하고 타인을 의식하며 경쟁 속에 더 굳어진 마음은 위선자가 되게 했다. 갈수록 내게 가장 필요한 따스한 품은 더 멀어지자 쉼과 안식을 대신할 어떤 것을 찾느라 가족과 멀어지고 조물주와 멀어지고 있다.

인생 만사 문제도 단순하고 해결도 알고 보면 단순하다. '혼자 산다'는 것은 1인 가구를 말하기 보다는 열등감과 소외감에 사로잡혀 이웃이 없는 삶을 살고 있는 인생을 의미한다. 인간은 흙처럼 약한 존재다. 혼자 살 수 없다. 혼자 살면 반드시 병이 생긴다. 유대인은 1+1=2가 아니라 11이라고 말한 것은 함께 살면 꿀벌처럼 꽃을 교배시켜 좋은 열매를 맺듯 많은 시너지 효과가 있기 때문이다. 모든 존재는 더불어 속에서 만들어지지만, '나'라는 존재는 한시적일 뿐이다. 나를 벗어나, 욕망을 벗어나 언제나 남의 덕으로 살아간다는 것을 잊지 않을 때 혼자 살든 가족과 함께 살든 11의 위대한 기적은 지금도 얼마든지 가능하다.

허깨비와 자족

지난주에 한 모임에서 어떤 분이 지금 어떤 일을 새로 시작하는데 자신은 아무 것도 없다고 하면서 풍자적인 시 한편을 낭송했다.

"인생이란 없고 없고 없고 없다가 없어지는 것... 어릴 때는 철이 없고, 청년 때는 정신없고, 장년이 되어서는 틈이 없고, 그리고 노년이 되어서는 형편없다가 결국 이렇게 없어지는 것이 인생이라."

나는 그 시를 들으면서 많은 부분에서 동감을 하면서도 한편으로는 그런 인생이 되지 않기 위해서 어떻게 살아야 할 것인가를 생각해 보았다. 이스라엘 역대 왕 중에서 가장 지혜로웠다는 솔로몬은 왕이 된 후에 가장 먼저 일천번제를 드리자 하나님이 그의 소원을 물었다. 그는 오로지 백성들을 잘 다스릴 수 있도록 지혜로운 마음을 달라고 했다. 하나님은 백성을 그토록 사랑하는 그의 마음이 너무나 대견스러워 그가 구하지 않았던 부와 영광까지 주셨다.

솔로몬은 말 그대로 지혜의 왕이었다. 주신 지혜로 백성들을 잘 통치하였다. 그러나 안타깝게도 본인은 지혜롭게 살지 못했다. 이것이 사람의 한계란 말인가. 그는 왕이 피해야 할 세 가지, 많은 군마와 아내 그리고 자신을 위한 은과 금을 조심해야 함에도 불구하고 많은 군대를 만들었고 수많은 후궁과 첩을 두었고 많은 부를 갖고 온갖 유흥과 무절제한 생활을 했다. 말년에 가서야 '전도서'라는 시를 통해 헛되게 살아 왔던 자신의 삶을 이렇게 고백했다.

"헛되고 헛되며 헛되고 헛되니 모든 것이 헛되도다 사람이 해 아래서 수고하는 모든 수고가 자기에게 무엇이 유익한고..."

그런데 이러한 고백은 솔로몬만도 아니요, 맥베드만 했던 것도 아니다. 누구든지 분수를 모르고 욕심을 내며 살아갈 때 그 시처럼 결국 허무하고 형편없는 인생이 될 것이다.

김동인의 〈무지개〉 소설을 보면 한 소년이 무지개를 보고 잡으려고 종일 다녔지만 저녁이 되어 그것이 헛된 것임을 알게 된다. 그 소년처럼 오늘도 그림자 같은 허상을 좇아가며 자신의 야망과 욕심을 채우기 위해 살아가는 사람들에게는 지금 당장에는 무엇인가가 쌓여지는 것 같다. 하지만 인생의 겨울에 가서야 자신은 평생 허깨비를 따라간 것임을 알고 얼마나 통탄해하며 슬퍼하겠는가. 이런 허깨비 인생이 되지 않으려면 지금 당장 자족의 삶이 요구된다.

자족이란 오늘에 만족하며 일상에 감사하며 꿈을 갖고 내일을 살아가는 삶이다. 자족과 허깨비는 동과서처럼 먼 이웃이지만 본래 한 형제였기에 자족의 삶을 살지 않으면 자신도 모르게 허깨비를 따라 갈 수밖에 없다. 옛말에도 '지족자부'라는 말이 있다. 즉 현재에 만족할 줄 아는 사람이 부자라는 말이다. 부자는 결코 외적인 소유에 있지 않는다. 아무리 많은 것을 소유한다 해도 남을 돌아볼 마음의 여유가 없다면 그 사람은 거지와 무엇이 다르겠는가. 하지만 비록 적은 것을 갖고 있을지라도 자족할 줄 알아 이웃과 나누며 살아가고 있다면 그는 진실로 이미 참 부자가 된 것이다.

물론 사람들은 이웃과 늘 나누고 싶어 한다. 그러나 늘 부족을 느끼기에 실천하지 못하며 살아가고 있다. 그런데 곰곰이 생각해보라. 우리가 부족을 느끼는 것은 '결핍'의 문제가 아니다. 우리 안의 자신만의 '욕망' 때문에 만족이 없고 결핍을 느끼기에 이웃과 나눔이라는 미션은 자신에겐 영원히 불가능한 일이 되는 것이다. 자신은 그런 일과 상관이 없다고 살아가지만 나이가 들면서 늦게야 깨달게 되었다고 해도 이미 돌아갈 수 없는 곳에 이르게 된다.

오히려 불확실한 부, 허무한 쾌락, 그리고 사라져 가는 우정... 사람들은 이러한 것을 통하여 결핍을 채우려 한다. 하지만 만족은 커녕 기쁨 없는 허무한 인생이 되어 가고 있음을 문득 문득 깨달으면서도 정작 돌이킬 용기를 가지지를 못한다.

사람은 천하를 얻어도 만족할 수 없는 존재다. 모든 것을 소유하였다고 생각할 때 오히려 더 큰 부족을 느끼는 것이 인생이기 때문이다. 그러므로 어떤 형편에서든지 자족하기를 배웠다는 바울 같은 이가 행복한 사람이라 할 수 있다.

리허설 없이 단 한 번밖에 그릴 수 없는 도화지에 나는 지금 무엇을 그리고 있는가. 보험회사에서 내게 노후를 위하여 얼마나 준비되어 있느냐고 질문하듯이 자신에게 물어야 한다. 그는 이미 내게 그런 허깨비 인생이 되지 않기 위하여 수없이 여러 사건들을 통해 교훈하셨다.

같이 밥 먹읍시다

어느 날 케이블 채널을 돌려보는데 〈먹방프로〉가 얼마나 많던지 호기심으로 세어봤는데 250여개 중 약 10%가 음식 관련 프로였다. 그동안 TV 예능프로가 다양해지면서 독신, 육아, 여행, 기타 특이한 주제를 넘어서 이제 쿡방까지 영역을 넓혀 왔던 것이다. 평일은 물론 주말까지 쿡방이 넘쳐나면서 대한민국은 지금 요리공화국을 넘어 푸드 포르노에 빠져 있는 것은 아닌지 모르겠다.

음식 만드는 과정 자체를 유희화 하면서 생각지 않은 '푸드 포르노'나 '요섹남'이 탄생했다. '푸드 포르노'란 음식 프로를 보면서 대리만족하므로 자신의 욕구를 채우는데서 기인한다. 음식이란 매개체를 갖고 눈요깃거리로 즐기는 사람이 많아지면서 포르노처럼 입과 혀, 위장 그리고 머리까지 자극시켜 풍요 속의 허기를 채우고 있다. '요섹남'은 요리를 섹시하게 하는 남자로 음식 속에 정서적인 공유지점을 함유하려고 음식솜씨가 섹시하다는 억지 같은 논리에서 나왔다. 이것을 부정할 수 없는 것은 세상 모든 것의 초점은 섹스로 모아지기 때문이다.

덕분에 새삼 유명 쉐프 인기는 그야말로 상한가를 치고 있다. 쿡방 열풍에 '쉐프돌' 신조어까지 등장하면서 졸지에 새로운 문화리더들이 되어가고 있다. 주방에서 나온 쉐프들이 왜 예능인이 되어가고 있을까. 왜 이 시대는 '요섹남'이 필요한 것일까. 남 먹는 게 뭐가 재미있다고 왜 유독 우리나라에서만 쿡방이 화제가 되고 있을까. 외국에서는 음식 촬영조차 금지하는 식당이 많아지는 이유는 단순하다. '다른 걸 잊고 먹는 순간을 즐기자는 의미'이다. 이런 차원에서 우리네의 쿡방 붐은 어찌 보면 부끄럽기 그지없다.

물론 부모들은 자식이 먹는 것을 보면 흐뭇해한다. 한국인의 무의식 속에는 먹는 일이 연관될 수밖에 없는 것은 '보릿고개'를 보내면서 먹는 행위 자체에 문화적 의미를 부여할 수밖에 없었으리라 여겨진다. 증명이라도 하듯 상당수 명사에 우리는 '먹다'를 붙여왔다. '나이 먹는다', '욕을 먹는다', '마음 먹는다' 등등 춥고 배고픈 한국인들은 숙명적 고난의 역사 속에 먹는다는 행위는 축복이요, 타인에게 덕담이기 때문이다. 하지만 경제사정이 좋아지면서 사정이 달라졌다. 손님에게 진수성찬 접대하는 것으로 부를 과시하는 시대는 갔다. 한 끼라도 웰빙 푸드와 함께 좀 더 여유로운 삶을 원하기에 쿡방까지 온 것이 아닌가 생각해 본다.

하지만 나는 안다. 이런 역사적인 외적인 요인보다 더 근본적인 열광의 뿌리는 외로움에서 비롯되었다는 것이다. 1인 가구의 급증과 함께 편의성 중심의 패스트푸드 영역이 급속히 팽창되면서 어쩔 수 없이 혼자 먹는 사람들이 늘어나면서 외로움은 더욱 극대화 되어만 간다. 한국인은 식사할 때 꼭 같이 먹는 문화가 있기에 혼자 먹으면 친구가 없다고 생각한다. 혼자보다는 함께 왁자지껄하게 먹는 걸 좋아하는 식문화 바탕 속에 먹방이나 쿡방은 대안이 될 수 있기에 인기를 얻는 것은 자연스러운 일일지 모르겠다.

혼자 밥 먹는 일은 사소한 일 같지만 어찌 보면 굶는 일보다 어려운 일일지도 모른다. 1주일에 10회 이상 혼자 밥 먹는 사람(혼밥)이 67%나 되다보니 어느 덧 '혼밥'이 일상으로 자리 잡고 있는 것이다. 최근 화제를 불러 일으켰던 페이스북 동영상에는 혼자 식사를 하는 이들을 위한 중국집을 소개했다. 물론 사회생활하면서 '혼밥'이 대수롭지도 않는 일이 되고 있음에도 "너무 외로워 TV 보면서... 내가 너 혼자 밥 먹는 일 없게 해줄게"라는 어느 노래가사처럼 함께 밥 먹을 사람이 있다는 자체가 일상의 행복을 넘어 축복이 되고 있다는 사실이 현대인들을 더욱 당혹케 만든다.

그동안 여자는 집안 일 중에서 밥하는 일이 주요업무였다면 남자는 밖에 나가 돈 버는 일이었는데, 시대가 바뀌어 이러한 서로에 대한 역할이 재해석되었다. 남자가 요리를 하고, 남자 쉐프에 대한 환상 등을 부지불식간에 받아들이기에 TV는 먹방과 쿡방으로 도배된 것이다. "같이 커피 마시자!"라는 말보단 "같이 밥 먹자!"라는 따뜻한 한 마디 말에 상처를 치유 받았다는 어느 지인이 있었다. 그만큼 밥 먹자는 권유는 지금 세상에서 어쩜 가장 설레게 하는 말일지도 모르겠다.

나이가 들수록 이 말에 더 많은 의미를 부여하는 것은 사회생활하면서 밥 먹고 싶은 사람과 그렇지 않은 사람으로 구별되기 때문이다. 90년 인생에서 총 10만 끼의 식사를 누구와 어떻게 하느냐에 따라 인생은 더 풍요로워질 수도, 그렇지 않을 수도 있음을 알 만한 나이가 되었다.

"누구든지 내 음성을 듣고 문을 열면 내가 그에게로 들어가 그와 더불어 먹고 그는 나와 더불어 먹으리라"라는 바이블 말대로 어디 여행가서 맛있는 음식을 먹을 때 떠오르는 사람이 되고 싶다면, 누구라도 밥 먹고 싶은 사람이 되려면 내가 먼저 문을 열어야 한다. 인기 쉐프들이 자신만의 고유 레시피를 서슴없이 공개하듯 내가 열려야 누구와도 밥을 먹어도 힐링이 되는 소중한 순간이 될 것이다.

암보다 무서운 것

지난 토요일 친구와 통화하면서 가슴이 먹먹했다. 친구는 나도 잘 아는 어느 지인과 통화했는데 그가 지금 암 병동에 입원하여 마지막 이별연습을 한다는 것이다. 이상하게도 가까운 지인이 암과 투병하고 있다는 소식을 들으면 내 자신도 암 수술 경험이 있어서 그런지 가슴이 더 무겁게 짓누르기 시작했다.

한국인 사망률에서 암은 2위라 할 정도로 가장 무서운 질병이 되었다. 하지만 지금은 암이 죽음이라는 등식이 깨진지 오래되어서 암을 발견만 해도 로또를 발견했다고 좋아한다. 그럼에도 암이 두려운 것은 요즘 암은 옛날과 다르게 암 전조현상이 거의 없기 때문이다. 암 선고를 받았을 땐 기회를 놓치고 억지로 이별 연습을 해야 할 때도 있다. 어찌되었든 암은 현대인에겐 저승사자와 같은 존재이기에 두렵고 피하고 싶어 한다.

그런데 그 암보다 더 두려운 병은 우울증이라고 한다. 왜 우울증이 암보다 더 무서울까. 암은 수술이라도 할 수 있지만 우울증은 약이나 수술로도 고치기가 힘들기 때문이다. 마음의 감기라는 우울증을 이기지 못하고 목숨을 끊는 경우가 갈수록 더 늘어만 가고 있다.

왜 새삼스럽게 이제 와서 한가하게 마음타령을 하고 있는가. 우리는 그동안 무한경쟁 시대 속에서 눈에 보이는 물질적 실세들에게 인생의 참된 우선권을 뺏기면서 살아왔다. 마음까지 돌아볼 여유도 갖지 못했는데 이제 어느 정도 의식주가 해결되자 생존도 중요하지만 더 이상 눈에 보이는 물질만 갖고는 살아갈 수 없음을 서서히 알게 되었다. 이제 마음을 돌아보지만 이미 우리들의 마음은 온갖 상처를 받아 자력으로 일어서지 못하면서 자연스럽게 마음의 찬가를 부르짖고 있는 중이다.

현대인에게 발생하는 모든 원인은 근본적으로 마음에서 비롯되었다고 할 수 있다. 우울증도 역시 마음의 상실에서 시작되었기에 마음의 경영이야말로 인생에서 가장 중요한 영역이라 할 수 있다. 마음의 경영이란 마음을 지키는 일과 마음을 얻는 일을 말한다. 성공자는 다른 말로 '마음을 지킨 사람들'이다. 행복이란 한결같이 마음을 지킨 사람들의 자연스런 몫이 되고 있다.

평상시엔 어느 정도 마음을 잘 다스릴 수가 있지만 광야 같은 환경 앞에선 더욱 어렵다. 하지만 길이 막힐 지라도 절망하지 않고 하늘의 뜻을 찾을 때 생각지 못한 새 길을 보게 된다. 정약용에게 만약 귀양살이가 없었다면, 그런 주옥같은 책들이 만들어졌을까. 다윗에게 아둘람 굴이 없었다면 오늘의 이스라엘이 존재했을까. 그들이 아니더라도 내 안의 열등의식, 비교의식, 피해의식을 감정이 아닌 합리적 마음으로, 이성이 아닌 아버지 마음으로 더 멀리 인생의 섭리를 바라보며 마음을 경영할 때 아름다운 인생의 열매를 거두게 된다.

우울증은 어디까지나 기쁘고 행복한 마음 대신에 가라앉은 슬픈 감정이 지배하는 현상이다. 처음엔 마음의 감기였지만 장기전일 땐 정신질환을 유발시키는 도화선이 되어 극단적인 선택까지 하게 만든다. 그래서 우울증은 마음을 잘 다스리는 마음의 경영이 필요하다. 그 과정에서 눈물은 아주 중요한 관계가 있다.

많이 우는 사람일수록 우울증에서 벗어 날 가능성이 높다고 한다. 그것은 여자보다 남자의 우울증이 더디 치료가 된다는 사실이 이 통계를 뒷받침해 주고 있다. 남자는 여자보다 잘 울지 않기 때문이다. 혈관이 막히면 여러 병이 생기듯 마음이 막히면 어떤 의사도 고칠 수 없는 병이 든다. 세상 모든 사람들이 가지고 있는 가장 기본적인 정과 마음에 흐르는 동감이란 눈물을 통해 알 수 있다. 눈물을 통해 나는 너를 사랑하고 나와 너와 하나라는 보이지 않는 공식을 알기 때문이다. 나그네의 옷을 벗기는 것은 세찬 바람이 아니라 따스한 온기였다. 원수 같은 마음의 갑옷을 뚫는 화살은 마음이 동하여 흘리는 눈물이 아니겠는가.

몇 년 전에 '일소일소 일노일노'(一笑一少 一怒一老)라는 노래가 히트를 쳤었다. 한치 앞 날 모르는 인생, 욕심내 봐야 소용없다는 가사는 우리에게 인생의 덧없음을 깨닫고 인생의 짐을 내려놓고 즐겁게 살자는 것이었다. “웃어도 한 세상 울어도 한 세상”이라는 가사처럼 세상은 내 의지와 상관없이 돌아가기에 마음이 울컥하면 실컷 울고, 남이 기뻐하는 일이 있으면 진심으로 축복해 주며 살아야 한다. 이렇게 같이 웃으면 내 자신이 만물과 소통되면서 가슴도 뚫리고, 관계도 뚫리고, 절대자와도 화평하므로 행복한 인생이 된다.

세상에서 가장 어려운 일이란 〈어린 왕자〉에서 바람 같은 마음을 얻는 일이라고 했다. 물론 상대의 마음을 얻기란 어렵지만 자고로 진실하면 통한다는 원리 안에서 의외로 쉬울 수가 있다. 큰 나무 밑에 수많은 사람이 쉴 수 있듯이 눈물이 있고 배려가 있고 용서가 있는 진실한 사람이 언제나 마음속에 남아 있다. 함께 있기만 해도 자유와 쉼을 얻을 수 있기에 내가 그런 사람이 되어갈 때 우울증은 나도 모르게 사라진다. 어느 덧 내 주변엔 자유 하는 영혼들이 모여들기 시작한다.

C A P T E R

04

행복한 마무리

친절한 용서씨

“나는 공주가 아닙니다. 지참금도 없어요. 마법을 사용하지 않고 그 구두가 맞을지 모르겠어요. 제 본 모습을 받아주실래요?” 영화 〈신데렐라〉의 마지막 장면이다. 신발 주인공을 찾을 때, 계모의 온갖 방해에도 불구하고 왕자와 만났을 때, 신데렐라가 고백했던 대사이다. 얼마 전 TV에서 방영했던 〈신데렐라〉는 원작 동화보단 약간 더 자세하게 보여주었다. 소설처럼 난해하지도 않게 만들면서 해피엔딩으로 끝났다. 내용은 모두가 다 알고 있기에 그런 뻔한 이야기를 갖고 더 가치 있는 스토리를 만든다는 것은 만만치 않았으리라 여겨진다.

조사해본 결과 전 세계에 나와 있는 신데렐라 이야기는 약 100개가 넘는다고 한다. 대체로 캐릭터만 다를 뿐 내용은 대등소이하다. 대부분 선한 일을 해야 후에 복을 받는다는 것이다. 길거리마다 로또 가게가 깔려있듯이 신데렐라 행운도 로또처럼 어느 날 우연히 찾아오는 것으로 생각하기 쉽다. 그녀는 사실 평소에 많은 노력을 했다라고 말을 한다면, "아니, 신데렐라가 무슨 노력을 했습니까?"라고 반문할지 모르겠다. 그녀가 노력했던 것은 다이어트하며 몸매 관리를 한 것을 말하는 것이 아니다. 내가 새삼스럽게 영화를 보며 감동받았던 대사에 그 답이 나온다.

"용기를 갖고 친절을 베풀어라"라는 어머니의 유언을 지키기 위해 신데렐라는 계모의 모진 구박 속에서도 낙심하지 않고 모두에게 친절을 베풀며 살아왔다. 친절은 비싼 옷으로 치장할 수도 없는 내면의 아름다움으로 너무나 눈부시게 빛을 발하여 계모의 모략도 가릴 수 없기에 왕자는 첫 눈에 알아봤던 것이다.

소녀 엘라는 어릴 적 어머니를 잃고 아버지가 재혼했지만 그 아버지마저 타지에서 죽었다. 새 엄마와 의붓언니들은 '먼지투성이'라는 의미로 엘라를 '신데렐라'라고 부르며 노예처럼 부려먹었다. 엘라는 그 때마다 엄마에게 물려받은 '용기'와 '친절'이라는 덕목으로 세 모녀뿐 아니라 짐승까지 섬겼다. 엄마 말대로 꿈꾸던 일이 이루어지므로 신데렐라는 자신의 원래 이름 '엘라'처럼 '챠밍' 왕은 역대 가장 공정하고 친절한 나라로 만들 수 있었던 것이다.

전통적 가치인 시간이 지나고 세대를 건너가도 착한 사람의 선의는 반드시 보상을 받는다는 교훈은 보는 이로 하여금 감동이 아닐 수 없다. 신데렐라는 착하지만 약하지 않았던 것은 어떤 상황 속에서도 친절을 베푸는 용기를 멈추지 않았기 때문이다. "여자는 약하지만 어머니는 강하다"라는 말은 자식을 사랑하는 어머니는 세상 그 무엇도 두려워하지 않는 강인함에 있다. 비록 마법을 내려놓아도, 공주가 아니어도 용기를 잃지 않고 친절을 멈추지 않았기에 진실한 사랑의 완성을 이룰 수 있었다.

'친절'이 무엇인가. 친절이란 사람을 감동하게 하는 최소 단위이며 사람 사이를 이어주는 소통의 꽃이다. 그것은 사람을 감동하게 할 뿐 아니라 좋은 인간관계를 맺게 하여 성공한 사람이 되게 하는 기초석과 같다. 하지만 이러한 친절은 하루아침에 이루어지는 것이 아니다. 부단한 노력 속에 진실이 상대방에게 통하는 것이 쌓여져야만 무엇으로도 바꿀 수 없는 인생무형자산이 된다. 그것이 얼마나 중요하고 결정적으로 큰 힘을 발휘하는 지를 나이가 들수록 더욱 깨닫게 된다.

'친절'이란 타인을 배려하고 예의바르고 정겹게 대하는 것을 말한다. 친절의 팩트는 상대의 마음을 헤아려주는 '온전히 배려'에 있다. 그럼 우리는 또 '배려'가 무엇인가 하는 의문이 생긴다. '배려'란 상대 입장에서 행동하기다. 남에게 배려하기란 쉽지만 잘 아는 이에게 장기간 배려한다는 것은 결코 쉽지 않다.

그래서 친절한 배려가 계속되려면 '용서'밖에 없다. 상대가 실수해도 '일부러 그렇게 한 것이 아니야!' 반복적으로 실수를 해도 '저것이 저 사람의 한계였구나.' 악의적으로 자신을 대할 땐 '나한테만 저런 것이 아니야...' 결정적으로 상대에게 많은 손해를 봤다 해도 '저 사람을 통해 무슨 뜻이 있는 모양이구나...' 어찌하든지 상대에게 친절한 배려를 잊지 않으면 고스란히 다시 황금의 열쇠로 돌아와 세상을 열어주게 된다. "용서해 줄게요." 신데렐라는 왕궁으로 들어가기 전 계모에게 용서를 선포했다.

이렇듯 세상에서 가장 강력한 힘은 '용서'에 있다. 스페인 톨레토 성당에는 유명한 3개의 문이 입구에 있다. 왼쪽은 '지옥'문이고 오른 쪽은 '심판'문이다. 핵심은 '용서'라는 가운데 문에 있다. 마지막 때 지옥으로 심판당하지 않으려면 가운데 문 이름처럼 '용서'로 들어가야만 한다. "똑똑하기보다는 친절한 편이 더 낫다"라는 탈무드 속담이 있다. 왜 그럴까. 친절하게 배려해야만 이 땅에서 사람대접 받을 수 있고 하늘에서 용서받을 수 있기 때문이다.

행복은 말이 아니다

션과 정혜영 부부는 13년 동안 900명 아동들에게 약 40억 원을 기부했다. 아직도 남편은 아내와 만난 날을 세고 있다. 아직도 그들은 전세방에 살고 있다. 아직도 적금과 보험은 없지만 매달 3천만씩을 기부하며 살아가고 있다. 아직도 싸움은커녕 언성 한 번 높인 적이 없다. 아직도 네 자녀를 양육해야 하기에 집도 적금도 없는 그들에겐 미래가 불안함에도 오히려 그들은 오늘이 가장 행복하고 마음만은 누구 부럽지 않는 부자라고 서슴없이 말하고 있다.

세상에 완벽한 부부가 어디 있겠는가. 기자들은 귀에 들은 스토리 갖고는 믿을 수가 없기에 그 빈틈을 찾으려 나름대로 계산된 질문을 해보았다. 주저하지 않고 있는 그대로 답하는 그들이 나는 왜 완벽하게 들렸을까. 아마도 그것은 모든 과정들이 자연스럽게 이어오면서 오늘의 행복이 있음을 알고 박수를 치지 않을 수가 없었으리라.

이제 그들은 40대 중반임에도 오래 전에 인생을 득도한 도인처럼 자유로운 영혼이 되어 있었다. 무엇이 결혼한 지 14년이 되었음에도 연애할 때보다 지금이 훨씬 더 행복하다고 말할 수 있을까. 행복은 추상명사지만 행복처럼 실제적인 동사도 없다. 아는 것과 그렇게 사는 것과는 하늘과 땅만큼이나 차이가 크기에 행복하게 사는 사람보다는 여전히 행복을 추구하며 사는 사람이 더 많은 모양이다. 나는 제 3자의 입장에서 진정한 하모니를 이루며 사는 것은 서로 간에 감사와 신뢰가 바탕이 되었기에 가능했으리라 믿어졌다. 남편은 늘 이렇게 말한다.

"자랑할 것 하나 없는 내가 이런 소중한 가정을 일구게 된 것, 남 앞에서 말도 못했던 내가 무대에서 공연을 하게 된 것, 글 한 줄 쓸 줄 몰랐던 내가 책까지 내고 또 인세로 이웃에게 기부하게 된 것은..."

그는 사회적으로 어쩜 성공했음에도 자랑은커녕 과거 자신의 모습을 기억하며 오늘을 감사하며 살아가고 있다. "물 한 잔 떠줘도 '고맙다'고 말하는 이 남자... 어떻게 싸우겠어요?" 아내는 그런 '션'을 사랑할 수밖에 없다. 집 사려고 모은 돈을 남편이 아이 200명을 후원하자고 했을 때도 그를 평소 신뢰했기에 기쁘게 동의하므로 지금까지 기부자의 생으로 살아가고 있다.

서로 신뢰하고 감사할 줄 안다면 그곳이 천국이 아니겠는가. 션은 입버릇마냥 기부 원동력은 후원받는 아동도 아니요, 오로지 가족의 행복이라고 했다. 열악한 환경에 놓여있는 아이들을 돕는 일도 중요하지만 아무리 그래도 남보단 자신의 가족을 먼저 생각하며 이 모든 일을 진행했기에 롱런할 수 있었다. 내가 아무리 사랑이 넘쳐나도 내 가족이 힘들고 불행하다면 션은 오래 전에 기부를 그만 두었을 것이다. 정혜영은 "한 번이라도 남편이 자기에게 '기부하자'라고 강요한 적이 없었고 대신 늘 의견을 묻고 자신이 '더 이상 못 하겠다'고 말하면 그대로 따라주었는데 이상하게도 며칠 지나면 자신의 마음이 변하더라"라고 말했다.

남자는 50이 넘어야 철이 든다는데 션은 젊을 때부터 인생철학에 관통했던 것은 아마도 그의 환경과 무관하지 않은 듯하다. 그는 5학년 때 괌으로 이민 가서 미국 수학경시대회에 참가할 정도로 우수했었다. 그런데 16살 때 가출하여 방황 중에 랩에 꽂혀서 댄서로 활동하다가 한국에 홀로 들어와 연예인이 되었다. 몸과 마음은 따로 노는 것처럼 심적 방황을 견딜 수 없어서 아침저녁으로 홀로 기도하고 있을 때 어느 순간 그는 '사람이 왜 사는 지'에 대한 답을 찾았다고 한다.

자신은 항상 보잘 것 없는 환경 속에서 어렵고 외롭게만 살아왔다고 생각했었다. 하지만 기도를 통해 자신은 신의 사랑을 이미 넘치게 받고 있음을 안 이후론 사랑타령에서 사랑공급자로 바뀌었다.

션은 결혼하면서 그러한 깨달음을 바로 실천했다. 물 한 잔 줘도 "고마워" 아내가 아무리 까탈을 부려도 "너는 나랑 달라서 참

재밌어"라고 말하는 그는 이미 서로 다름의 미학을 알아버렸는데 어떻게 싸우겠는가. 그의 사랑은 아내와 가족을 넘어 필리핀, 아이티, 우간다 그리고 북한 아이들까지 전달되었다. 이제는 900여명을 내 가족처럼 아내뿐만 아니라 모든 이웃과 진정한 하모니를 이루며 살아가고 있다.

아무나 따라 할 수 없는 삶이다. 행복의 기초는 가정에서 출발하고 행복은 나눔을 통하여 현실화되어 간다. 젊은 부부는 자신들의 삶을 통해 세상 모든 사람들에게 환경에 기대지 않고 서로 마음에 기대어 살아가라고 말없이 메아리를 울리고 있다.

오늘 행복해야

'악동뮤지션'을 슈퍼스타에서 처음 보았을 때 와 닿는 것이 있었다. 수현의 목소리와 찬혁의 천재성은 기존 가수와 다른 무엇이 있었기에 우승을 향해 나갈수록 더 분명하게 진가가 드러났다. 그들은 우승하기 전부터 노래마다 히트하였기에 3대 기획사를 고를 수 있는 행운은 당연한 권리였는지도 모르겠다. 그들은 외적으로 볼 땐 우승과는 거리가 먼 듯 했다. 하지만 그들만의 음악세계와 순수한 인간미가 알려지면서 모두에게 감동을 주고 계속 인기를 얻고 있다.

보통 청소년에 비해 독특하게 느껴졌던 그들만의 소리와 멋은 어디에서 기인된 것이었을까. 인터뷰할 때도 악동뮤지션은 몽골에서 '홈스쿨링'으로 공부를 했다는 내용이 이미 큰 이슈가 되면서 부모들은 악동뮤지션의 자녀교육에 관심을 갖기 시작했었다. 최근에 〈오늘 행복해야 내일 더 행복한 아이가 된다〉라는 책이 출판되면서 의문점들이 하나 둘씩 풀려나갔다.

그 책에서 자녀교육의 핵심은 제목대로 오늘 행복한 아이가 내일도 행복한 자녀가 된다는 것이다. 악동뮤지션 부모는 〈부모 십계명〉에도 나와 있듯이 자녀에게 인간관계의 근본을 깨우치면 부모가 지원하지 않아도 스스로 창의적인 삶을 살아간다는 것을 알고 있었다. 그들 부모의 일평생 지향했던 인생의 지표는 성공이 아니라 행복이라는 점이 실제 그들의 활동을 보면서 쉽게 수긍할 수 있었다.

모든 인간은 성공과 행복을 원한다. 몸과 영혼, 현실과 이상은 어느 것이 더 중요하다고 말할 수 없다. 몸 없는 영혼, 현실이 따라주지 않는 이상이 무슨 의미가 있겠는가. 생각에 따라선 이 둘이 가능한 것은 진정으로 행복한 사람은 이미 성공한 사람이기 때문이다. 하지만 순서는 따지고 넘어가야 한다. 성공하므로 행복한 것이 아니라 행복하므로 성공한 것이다.

일제 강점기 후 얼마 안 되어 6.25전쟁이 나서 국토가 황폐화되었는데 빠른 경제 성장을 하자, 유럽에서는 한국을 '한강의 기적'이라고 했다. 덕분에 반도체, 제철제강, 조선업, 단일 원자료 발전소, 문맹률 등 세계 1위가 된 것은 좋았다. 그러나 이혼율, 고령화, 술 소비량, 간암 사망률 등의 세계 1위는 반갑지가 않다. 우리나라는 단기간에 경제성적은 좋지만 개개인의 정신적 풍요는 초라한 인생 성적표 앞에 당황하지 않을 수가 없다.

무언가를 잘못 생각하고 있다. 행복하지 않은 외적인 성공은 모래 위에 집을 짓는 어리석은 인생이다. 악동뮤지션 부모의 금언처럼 오늘 행복해야 내일 행복할 수 있기에 오늘 행복에 초점을 맞추어 각기 목표를 향해 정진해야 한다.

속담에도 “성공은 원하는 것을 가지는 것이고, 행복은 가진 것에 만족하는 것이다”라고 했다. 매순간 만족하지 않고는 행복은커녕 성공은 올 수 없다. 성공 속에는 얼마든지 불행이 내포되어 있을 수 있다. 만족 속에는 실패가 내포되어 있을지라도 오늘 기뻐하고 감사한 삶을 살게 되면 합력하여 선을 이룸으로 불행이 오히려 저녁이 있는 넉넉한 인생을 만들어 주기에 만족이 더 위대한 것이다.

그럼에도 현대인은 성공과 내일을 위해 오늘의 행복이 담보되어 부모와 이웃도 외면한 채 날마다 전쟁터 같은 삶을 살아가고 있다. 오늘 행복하지 않는데 더 나이든 내일이 무슨 수로 행복하단 말인가. 사탄은 언제나 ‘내일’이라는 단어로 ‘오늘’을 꿰차고 있다. 바보같이 내가 내 눈을 찌르듯 내가 오늘이란 소중한 보화를 땅에 묻어둔 채 내일만 기다리고 있다.

3% 사람들만 쳐다보지 말고 97% 안에서 내가 있는 것으로 행복을 찾아야 한다. 지금 정직하게 자신에게 물어보라. 내가 가장 중요하게 여기는 것이 무엇인지, 왜 사는지... 이 질문이 필요한 이유를 어느 명사가 지적했다. 우리 고민 40%는 과거적 내용이고 53%는 미래지향적이며 단 17%만이 현재진행 중 것이라고 했다. 언제까지 ‘갖고 있은 것’은 생각지 않고 ‘갖고 싶은 것’만 생각하는가.

오늘 이 순간에 가족과 이웃과 소통(communication)이 먼저 이루어져야 한다. 정치인이나 보통시민이나 소통을 원하지만 일방

통행이 계속되기에 성공을 해도 행복지수가 낮을 수밖에 없다. 소통은 어려운 것이 아니다. 소통의 출발은 사랑과 관심이다. 악동뮤지션은 몽골이라는 환경 속에서도 음악을 갖고 세상과 소통할 수 있었던 것은 이미 가족과 충분한 소통이 되어있기에 가능했다.

다른 이 같으면 부정적인 요소가 더 많이 작용했을 것인데 그들은 가족들과 공유적인 삶을 살았기에 막힘없이 긍정적인 에너지를 받아 자연과 교감하며 생각대로, 꿈대로 음악을 키워 나갔던 것이다. 보통 '아이돌' 음악과는 확실하게 다른 색과 향이 감동을 주며 세상과 화통하게 소통의 소리를 발하고 있다.

힐링을 원합니다

언제부터인가 모든 부분에서 최고 화두는 힐링(healing)이다. 방송, 학교, 지자체에서도 힐링 관련 프로그램을 진행할 정도다. 이젠 힐링을 빼놓고는 대화가 불가능하다. 나는 이러한 〈힐링〉 바람을 보면서 10년 전 선풍적 인기가 있었던 조엘 오스틴의 〈긍정의 힘〉이 생각났었다. 책의 요지는 현실이 아무리 어두워도 밝은 내일이 올 것이라고 믿고 있으면 생각은 현실이 되어 나타난다는 것이다. 하지만 사람들은 긍정적 생각을 했음에도 세상은 변하지 않았다. 물론 소수는 그런 착각을 하지 않았음에도 꿈은 현실화되었다. 보통 사람들은 긍정적 사고의 한계만을 더 뼈저리게 느꼈을 뿐 달라진 것이 없었다.

이러한 〈긍정〉의 언덕을 넘어 〈웰빙〉 바람은 더 세차게 불어왔다. 음식도 운동도 프로그램도 옷과 인생이 전부 다 웰빙 판이 되었다. 먹고살기 힘든 때가 지나니 조금 덜 힘들고 재미있고 신나게 살 수 있는 세상이 오는 것은 당연한 일이 되었으리라. 〈긍정의 힘〉이

건강한 사고라면 〈웰빙〉은 건강한 삶의 모습이다.

우리 삶의 바탕이 더욱 팍팍해 지면서 건강한 몸과 마음 그리고 건강한 삶의 형태를 추구하는 전인적 인생은 필연적인 하나의 과정이 될 수밖에 없었다. 먹는 문제를 지나 경제지상주의가 지배하는 사회가 되면서 현대인들은 성취와 욕망의 극대화로부터 지치고 지쳤다. 이제 돈도 좋지만 생의 여유과 영혼의 자유를 갖길 원하면서 〈웰빙〉은 자연스럽게 우리 삶의 일부로 자리를 잡아갔다.

좋은 것 먹고, 열심히 운동하고, 잘 입고, 여행 잘하면 될 줄 알았다. 이 사회는 〈웰빙〉이라는 이름을 더 이상 용납해 주지 않았다. 겉은 멀쩡하고 멋있는데 마음 깊은 속에서는 아파 죽겠는데 어찌하겠는가. 몸에 상처가 나면 꿰매면 되지만 마음이 베이고 찔리면서 신음소리가 나고 영혼의 공허함이 밀려올 때 세상 그 무엇으로도 채울 길이 없다. 〈웰빙〉으론 어림도 없음을 알고 〈힐링〉을 외치기 시작했다.

힐링 음악, 힐링 음식, 힐링 여행이 나오더니 이젠 힐링 유아법까지 생겨나고 있다. 하지만 힐링은 웰빙보다 한 단계 진화된 개념이다. 인간의 방향감각을 상실한 증세를 근본적으로 치료하지 않고는 흠집만 내고 허울만 있을 뿐 영혼의 자유란 결단코 있을 수 없다. 예견하건데 긍정의 힘이 지나갔고 웰빙의 열풍이 휩쓸고 지나갔듯 힐링 역시 소리만 낼 뿐 더 큰 상처로 깊어만 갈 것이다.

웰빙이나 힐링 속에서도 사회적 폭력은 사라지지 않고 우울증과 자살률은 더 늘어만 간다. 애초부터 인간은 관계적 존재로 타인과 사회를 떠나서는 어떤 방법으로도 삶을 치유할 수 없다는 한계성을 안고 출발한 것이 문제였다. 진정한 힐링은 음악이나 여러 프로그램 이전에 나를 바로 아는 자아성찰에서 시작된다.

하지만 자신의 내면을 아는 일은 우주에서 작은 별을 찾는 일보다 더 어렵다. 자아는 언제나 이성, 감정, 또 다른 자아와 충돌하면서 진정한 자아를 망각하기 때문이다. 하지만 멈추면 비로소 보이는 것들에서 자아성찰의 가능성을 보았다. 멈춘다는 것이 무엇인가. 자아에 속하는 자기 경험과 자극에서 벗어나 개방적인 태도와 객관적인 자세를 가질 때 세상이 보이고 이웃의 목소리가 들린다. 물론 객관성의 안경을 쓰려면 주변의 피드백을 확인해보면 쉽게 볼 수 있다.

이렇듯 자신을 볼 수 있다면 비로써 내 삶의 패턴을 파악할 수 있다. 감정의 패턴, 사고의 패턴, 대인관계의 패턴 등 내 내면과 패턴을 알면 어떤 병이든 근본적으로 힐링이 가능하게 된다. 자아성찰을 통해 힐링의 문제점을 발견했다면 이제 힐링 안으로 이미 들어와 있는 셈이다. 아프면 먼저 요인을 파악해야 하고, 찾았으면 이제 수술해야만 살 수 있다. 배운다는 것은 “나는 아무 것도 모른다”라는 겸손에서 시작한다면, 회복하는 것은 ‘나의 자아를 죽이는 것’이라는 자기부인에서 출발한다.

자아성찰로 만족해선 안 된다. 마음 훈련으로 끝나서는 안 된다. 자아성찰의 다음 단계는 킬링이다. “죽어야 산다”, “죽고자 하는 자는 살고, 살고자 하는 자는 죽는다.” 이런 종류의 격언의 핵심은 힐링(Healing)은 킬링(Killing)이라는 것이다. 선풍적 인기를 얻었던 〈아프니까 청춘이다〉 책은 단순하기 그지없다. "청춘에 아픈 것은 당연한데 세상은 원래 그런 거다. 참으면 분명 좋은 날이 올 것이다…" 과연 무작정 참고 기다리면 좋은 날이 올까.

지금 우리에게 필요한 것은 이러한 달콤한 힐링이 아니라, 자아를 바로 알았다면 킬링이 필요하다. 힐링과 킬링은 한 끗 차이다. 힐링을 원했는데 어찌된 노릇인지 킬링이 될 때가 있다. 처음부터 킬링하려고 했더니 죽기는커녕 힐링이 되었다는 경험은 남의 이야기가 아니다. 만사 마음먹기에 달렸다고 킬링하기로 작정했다면 아픈 것이나 인내는 일도 아니다. 살려고만 하지 말고 킬링하려고 마음먹으면 힐링도 킬링도 다 이루어진다.

현재의 행복과 미래

어느 날부터인가 방송에서 '욜로족'이라는 말을 자연스럽게 쓰고 있다. 욜로(YOLO)란 "You Only Live Once!"의 약자로 현재의 행복을 중시하는 태도를 지칭한다. 6년 전 캐나다 어느 래퍼 가사에 'YOLO'가 등장하면서, 젊은이들 사이에 회자되었다. 마치 'Carpe Diem' 후속 편처럼, '현재를 즐겨라'와 '남보다 자신'에게 초점이 맞춰진 'YOLO'는 현대인의 생각을 잘 대변해 주고 있다. 취업보장이나 내 집 장만 등 먼 미래를 준비하기보다는 오늘 이 순간을 즐기려는 사람들이 증가하고 있음은 몇 가지 표를 보면 수긍이 간다.

웰빙 시대에 맞춰 현대인은 뭘 먹더라도 몸을 먼저 생각하는데 지금은 여러 지표에서 많은 차이가 있다. 이제는 건강보다 맛을 추구하고 채식보다 육식을 더 찾을 뿐 아니라, 심지어 인스턴트 식품이나 길거리 음식을 즐긴다는 층이 증가하고 있다. 어차피 불확실한 미래를 위해 오늘을 희생하기보다는 차라리 현재를 즐기는 것이 낫다고 여긴다. 하루아침에 사표내고 세계일주를 떠나지를 않나, 일본인처럼 집 장만 생각은 포기하고 고가의 자전거를 구입하거나, 전셋집 꾸미기에 더 열을 올리고 있는 이들이 많다고 한다. 만약 자기 자식이 이러한 욜로 족으로 살아간다면 어르신들은 미래가 없다고 단정 짓는 것이 당연할지 모르겠다.

그것은 욜로 족들은 소비의 근거를 자신을 위한 여행이나 취미생활 등 현재의 만족을 위한 것에 맞춰져 있기 때문이다. 그들의 행복이란 먼 훗날에 오는 것이 아니라 이 순간에 온다고 믿기에 고리타분한 미래보다는 모든 것들이 현재적 행복에 초점을 맞추어 살아가는 것이다. 물론 욜로 스타일은 젊은 사람들에게만 통용되는 시류가 아니다. 고령자들도 황혼이혼이나 재혼 등이 증가하고 있다. 그들은 지나간 시간을 다시 설정하고자 하는 의지가 발로가 되었기에 욜로 족은 전 세대를 붙잡는 새로운 라이프스타일로 자리 잡고 있는 셈이다.

또 하나 특이한 점은 욜로 라이프는 환경적 행복을 넘어서 구체적인 정신적 행복을 추구한다. 주로 여행과 자기개발에 돈을 사용함으로 소유를 벗어난 이상을 실현하는 꿈의 소비라 하는 점에서 색다르다. 가족과 공동체를 위해 장기적 계획보단 순간적인 가치를 더 중요시하다보니 현세 지향적이요, 자기 지향적이 될 수밖에 없다. 현실적인 수많은 장벽 앞에 하고 싶은 일을 하지 못한 것에 대한 후회를 하지 않으려 한다. 오늘 이 순간에 하고 싶은 일에 충실하므로 안분지족의 삶을 살 때 정녕 내일이 없을 수 있단 말인

가. 그런데 이런 '욜로 족'처럼 살다간 '골로 간다'는 의미로 새롭게 '골로 족'이 생겨났다.

'골로 족'은 현재의 가치를 최우선으로 두는 '욜로 족'과는 다르게 진정으로 하고 싶은 일을 위해서 불필요한 소비를 최대한 줄이자는 입장이다. 현재에 치중하느라 계획 없이 욜로 족으로 살다가 한 순간에 골로 족이 되기에 진정한 의미의 '골로 족'으로 사는 이들이 욜로 족 만큼 많아지고 있다. 단순히 바라보면 '욜로 족'이 막 쓰자는 의미로 소비경향이 심하다면 '골로 족'은 미래에 꼭 하고 싶은 일을 위해 현재의 소비를 줄이고 저축하는 미래지향적인 라이프스타일이라 할 수 있다.

코미디언 김생민은 요즘 골로 족으로 살 수밖에 없었던 자신의 이야기가 새로운 자산이 되고 있다. 그는 인기가 없어 코미디 관련 일은 못했지만 근 20년 동안 타인을 빛내주는 조연 역할을 하는 동안 성실성과 몸에 베인 근검절약이 〈김생민의 영수증〉이라는 프로그램을 독립시켰다. "돈을 아껴라"는 그의 잔소리가 많은 골로 족들에겐 비난 대신에 '통장 요정'이라 부를 정도로 재테크 비법의 신 개념 강사가 되어버렸다. "어차피 큰 돈 못 버는데 맘껏 쓰자!"라고 부추기는 욜로 족들의 시류 앞에서 진정한 삶의 여유와 행복을 위해 인내와 절제의 가치를 욜로 족들에게 다시 한 번 생각하게 만들었던 것이다.

후회 없는 삶을 위해 지금 즐기고 체험하고 사랑한다는 욜로 라이프도 분명 이유 있는 삶의 방식의 하나다. 하지만 미래는 아예 포기한 채 현재적 만족을 위해선 무엇이든 소비할 각오를 갖고 경주하는 그들이 과연 더 현명한 선택일까. 한 번뿐인 인생이기에 순간을 누리기 위한 소비 지향적 삶도 나름대로 의미가 있다. 하지만 한 번뿐인 인생이기에 이 순간에 더 충실한 삶의 태도야 말로 진정한 현실을 즐기고 내일을 향해 도전하는 삶으로의 가장 현실적 대안이 아닐까.

〈미래중독자〉라는 책에선 “내일이 없다고 생각하고 오늘에 만족하는 존재는 짐승이거나 해탈한 부처이다”라고 단정지었다. 나만의 인생을 찾고자 오늘에만 초점을 맞춰 엔조이 한다 해도 어찌 인간이 본능적으로 와 닿는 내일을 외면한 채 오늘이 행복할 수 있을까. 인간이라면 내일에 붙잡혀 내일을 준비하느라 현실은 고달파도 끊임없이 이상을 추구하며 살아가는 삶의 태도는 〈데미안〉에 나왔던 ‘아브락사스’처럼 현실이라는 알을 깨며 수없이 긍정적 가치 판단 속에 내일에 도전하는 것이 아니겠는가.

저녁이 있는 삶

몇 해 전 예상과 다르게 야당이 패하면서 여러 변화가 일어났다. 그 중에서도 OOO의원 소식이 개인적으론 가장 안타까웠다. 다음 날 그는 정계 은퇴를 선언하면서, "국민들에게 저녁이 있는 삶을 만들어드린다는 약속을 지키지 못해 송구스럽다"라고 말했다. 그리고 "이 시간부터 시민의 한 사람으로 저녁이 있는 삶을 이루기 위해 열심히 노력하는 사람이 되겠다"라고 입장을 밝혔다.

'저녁이 있는 삶'이라... 내가 요사이 정치인에게 들었던 가장 참신한 말이었다. 물론 그가 말한 '저녁이 있는 삶'이란 자신의 저서에서도 밝혔듯이, 돈을 벌기 위해 가족과 함께 저녁을 먹고 대화하는 것을 포기해야 하는 이분법적 구도를 반대하는 가치다. 이념적으로는 '진보적 자유주의'의 새로운 길이다. 내용적으로는 정의, 복지, 진보적 성장의 가치를 묶는 '공동체 시장경제론'을 의미했지만 나는 '저녁이 있는 삶'이란 조금 다르게 와 닿았다.

저녁이 있는 삶의 가장 큰 모토는 무엇보다도 가족이다. 저녁에 가족끼리 오순도순 대화를 나누며 식사할 수 있는 평화롭고 여유로운 삶과 휴식이 있는 내일이 있는 삶이라 여겨진다. 하지만 미국에선 평균 주 5회 정도 가족이 함께 저녁식사를 한다고 하는데 우리나라는 주 2회 정도라고 한다. 오바마 전 대통령은 오후 6시 반을 가족과의 저녁식사 시간으로 정해놓고 이 규칙을 엄격히 지킨다는 사실이 우리를 놀래게 한다. 우리 생활양식도 어느 덧 서구화 되어 맞벌이 부부가 늘어가면서 가족이라는 공동체에서 가장 기본적인 일로 여겨지는 식사조차도 함께 할 수 없는 지경에 이르게 되었다.

저녁이 있는 삶이란 연금만 갖고 안 된다. 저녁은 서로에 대한 신뢰와 인정 그리고 믿음과 섬김이 있어야 비록 해는 져가지만 황혼이 더 아름다울 수 있다.

어느 부부는 환갑 때 자녀들이 해외여행을 보내드렸는데 여행 가서 첫날부터 싸움만 하고 돌아왔다는 이야기를 들었다. 작은 일이든 큰일이든 평소 같이 해본 일이 드물기에 며칠 동안의 여행도 두려워하는 부부가 긴긴 노후를 어떻게 행복하게 보내겠는가.

에릭 프럼은 사랑을 관심, 이해, 존경, 책임이라는 네 단어로 요약했다. 사랑은 하루아침에 할 수 없는 일이다. 끊임없이 관심을 갖고 이해해야만 존경할 수 있고, 책임을 감당할 수 있게 된다. 내일로 미루면 안 된다. 지금 저녁도 같이 먹고, 산책도 같이 하고, 커피도 같이 마시고, 영화도 같이 봐야 '저녁이 있는 삶'을 살며 '천국이 있는 삶'을 기대할 수 있다.

하지만 세상에서 제일 어려운 일은 '같이 한다는 것'이다. 혼자 하면 쉽다. 혼자가 훨씬 효율성 있을 때가 더 많다. 하지만 적어도 지천명(知天命)이 되고선 되도록 함께 해야 한다. 머리로는 이 진리를 알면서도 왜 어렵게만 느껴지지만 할까. 알고 보면 간단하다. 포기하면 된다. 젊었을 때 인생은 능동태였지만 나이 들면 인생은 자연스럽게 수동태로 바뀌게 된다. 왜 그럴까. 살면 살수록 인생은 내 생각대로 안 된다는 것을 알고선 누가 말 안 해도 미리 포기해 버린다. 그래야 마음 편하고 관계도 형통하기 때문이다.

그런데 나이가 들수록 왜 이렇게 포기할 것이 많은지 때론 깜짝 놀라기도 한다. 내가 그토록 의지했고 사랑했던 그 무엇까지도 깨끗하게 포기해야만 내 마음에 평안이 찾아온다.

〈비우니 행복하고 낮추니 아름다워라〉라는 이채님의 시가 있다. 나는 내용보다 제목이 너무 맘에 들었다. 마음을 비운다는 것은 쉽지 않은 일이다. 자신을 낮추기란 더욱 어려운 일이지만 행복하고 아름다운 저녁이 있는 삶을 살길 원한다면 누구라도 이 법칙에서 벗어날 수는 없다. 마음을 비움으로 대박 난 책이 있다. 〈내려놓음〉이라는 책은 기독교계 대표적 스테디셀러로 당시 영향력이 대단했었다.

저자인 이용규 선교사는 서울대와 하버드를 졸업한 재원이었다. 신의 부르심에 순응하여 몽골에 가서 철저히 내려놓으니 하나님이 움직이셨고 움켜잡으면 소멸되는 것들을 내맡기니 풍성해지더라는 내용이었다. 놀라운 일은 이 책 판매 이후에 TV 토크쇼 게

스트들이 자신의 삶을 반추하면서 '내려놓았다'라는 표현을 많이 사용하기 시작했다.

"마음 비우니 빵빵 터지네요. 마음 비우니 골프가 행복합니다. 내려놓고 비우니 더 크게 채워 주더라. 마음 비우니 행복이 채워집니다" 등 재산과 유명세 등을 내려놓을 때, 새로운 삶이 나타났다는 고백들이 줄줄이 나타나기 시작했다.

인생이 행복해지는 비밀이 여기에 있다. 행복한 삶은 외적인 환경보다는 철저한 내려놓음에 있다. 올빼미는 저녁이 되어서야 비로소 날개 짓을 한다. 저녁이란 단순한 종말을 의미하지 않고 새로운 출발을 약속한다. '저녁이 있는 삶'이란 가족과 휴식이 있는 삶이요, 말년에 가나안이 있는 여유로운 인생이라 할 수 있다.

하차통보

방송인 최양락은 14년 동안 진행해온 어느 프로그램에서 갑작스런 하차통보에 충격을 받아 외부인과 접촉을 차단한 채 부인이 운영하는 식당에서 주차 관리를 하고 있다는 뉴스를 들었다. 벌써 4개월이 지났음에도 그는 여전히 그 충격에서 벗어나지 못하고 술로 시간을 보내고 있다고 한다. 마지막 방송에서도 "다음 주 월요일 8시 30분에 생방송으로 돌아오겠습니다"라고 인사 한 것을 보면 본인도 하차통보를 전혀 눈치채지 못했다는 얘기다.

물론 조짐이 없었던 것은 아니었다. 방송을 그만두기 전에 간부들이 만나도 인사도 받지 않고 딴청을 피웠다는 것을 보면 이미 회사에서는 본인이 알아서 그만두라는 사인을 보낸 셈이었다. 설마 누가 그런 쌀쌀한 태도를 하차통보와 연결 지어 생각하고 대처하겠는가. 방송에서는 정기 개편의 일환으로 프로그램이 폐지됐을 뿐이라는 의례적인 답변만 했지만 청취자들에게는 극과 극의 반응들이 나타났다.

"그동안 재미있게 들었다", "이제 재충전의 기회로 생각하라", "최양락의 재능이 아깝다" 등의 긍정적인 반응과 함께 "1년 다닌 직장에서도 명예퇴직당하는 판인데, 이런 배부른 얘기가 기사거리라도 된단 말인가?", "그 나이 정도 했으면 만족하고 감사할 줄 알아야지…", "허접한 내용, 경망스런 말투… 그 동안 방송에서는 청취자에 대한 배려가 부족했다"라는 부정적 평이 대부분이었다.

최양락뿐 아니라 방송인들에게 하차통보란 사직통지나 다름없기에 당연하게 받아들인다는 것은 어려울 것 같다. 심지어 어떤 이는 전날 본인이 회식을 쏜 후에 하차통보를 받을 정도로 그 일은 누구도 예측할 수 없다. 하차이유는 더더욱 이해할 수 없었기에 을의 입장에선 무자비한 폭거가 아닐 수 없을 것이다.

한평생 우리 역시 예측 못한 수많은 통보를 받는다. 합격통보, 유급통보, 이별통보, 입대통보, 퇴직통보 등이 있지만 생각해보면 기쁜 일보다 가슴 아픈 통보가 많다. 개편을 기다리는 방송인들처럼 날마다 마음 졸이며 사는 것이 인생의 단면도인 모양이다. 트레이드 통보를 받은 어떤 선수는 사실 그 팀에서 꼭 필요한 재원이었음에도 어느 날 인생에서 가장 치욕적인 순간을 맞이했다. 그는 "나그네 인생에서 이런 일은 다반사지…"라고 말하면서 오히려 그 통보는 인생을 깨우치는 알람이 되었다고 고백했다. 과연 이렇게 말할 수 있는 사람이 얼마나 될까.

모든 인간에겐 생존, 사랑과 소속감, 힘과 성취 그리고 자유, 즐거움이라는 기본적인 5가지 욕구가 있다. 우리가 생각할 때는 5가지 욕구 중 '생존'과 연결되는 퇴직통보가 인생에서 가장 큰 충격을 줄 것 같다. 살다보면 생존이 해결 된 이후 소속감이나 성취도 그리고 자유에 대한 욕구는 차원이 다른 고민들로 괴롭히지만 거기에는 잊지 말아야 할 중요한 자세가 있다.

"비온 뒤 땅이 더 굳는다"라는 말처럼 오늘의 시련은 삶의 터닝 포인트가 되게 하는 변곡점으로 해석하는 삶의 자세가 요구된다. 변곡점이 왔다는 것은 어느덧 실물 장악력이 그만큼 줄었다는 신호다. 또한 영향력이 한계에 이르렀다는 증거이기에 이때 인생에서 가장 중요한 것이 무엇인가를 알고 빨리 결단할 수 있어야만 한다.

그러면 어느 통보든 초조해 하지 않고 여유 있게 당당하게 할 수 있을 것이다. 성실하게 살았음에도 왜 내게 달갑지 않는 통보들이 하이에나처럼 덤벼들까. 항변하고 싶지만 해 아래 새 것이 없듯이 나와 무관한 일이 어디 있겠는가. 합력하여 선을 이룬다고 이 모든 것들은 나를 위한 신의 자비로운 선물 정도로 여겨야 쉽게 이겨낼 수가 있다.

다이아몬드는 고가라는 이유가 아니라도 가장 빛나고 강한 보석이기에 모든 여성들의 로망이 되고 있다. 큐빅은 그러한 여성들의 기본적 욕구를 채워주면서도 저가이기에 많이 이용되고 있다. 하지만 전문가들이 이 둘의 차이를 쉽게 구별할 수 있는 것은 다이아몬드는 58각이고 큐빅은 42각이므로 커팅이 정교할수록 빛이 화려하기에 그들은 쉽게 다이아몬드를 구별할 수 있다. 인생의 수 없는 통보들은 어쩜 마지막 그 날 영롱한 58각 다이아몬드를 만들기 위한 아픈 커팅 작업이었는지 모르겠다.

배우는 무대 위에선 어떤 일이 벌어져도 가벼운 일로 넘겨야 한다. 만약 모욕당했다고 생각하면 그는 인생의 무대에서 끝까지 남는 프로가 될 수 없다. 질병이 와도 이별을 경험해도 실패를 당해도 배신을 만나도 숙명으로 여기고 밝은 면만 보기로 작정해야 한다. 그래야 인생에서 가장 두려운 죽음통보 앞에서도 침대 붙잡지 않고 홀로 나갈 수 있게 된다.

이 한 가지를 위해 오늘도 수많은 통보들이 우릴 고뇌케 한다. 생각해 보면 나이가 들어도 좋은 점이 많다. 자신의 한계를 알기에 더 이상 욕심 부리지 않고 지금 이 순간에 만족하며 살아갈 수 있게 한다. 젊으면 젊은 대로, 나이 들면 든 대로 오늘을 통해 내일을 준비할 수 있다면 모든 것을 감사하며 살아갈 수 있다.

지금 안아주라

졸업 후 앞만 보며 성공을 향해 달려가던 강 기자는 어느 날 갑작스럽게 아내가 세상을 떠나면서 모든 것이 달라졌다. 인생에서 가장 소중한 아내가 떠나고 그는 회사를 그만두고 아내의 빈자리를 채우는 일에 정진했다. 아내를 떠나보낸 후 그에게 가장 원망스러웠던 일은 아내를 더 많이 안아주고 더 많이 사랑한다고 말해주지 못한 것이었다. 그는 아내를 보낸 후 삶을 바라보는 태도와 가치관이 달라졌다. 이젠 남은 아들에게는 그런 후회를 하고 싶지 않기에 망설임 없이 회사에 사표를 낼 수 있었다.

기자였던 본인의 장점을 살려 그는 논술강사를 하며 "하면 티도 안 나지만 안하면 티가 난다"는 집안 살림과 아이를 키우며 작은 일상을 행복해 하기 시작했다. 사람마다 슬픔을 벗어나는 방법이 다르듯 그는 아픈 상처와 분노를 글쓰기와 전문가의 도움을 통해 하나씩 정리해 나갔다. 이제는 자신과 유사한 사람들에게 도움을 줄 정도까지 또 다른 길의 일상으로 돌아올 수 있게 되었다.

어느 방송에서 그의 사연이 소개되면서 급기야 〈지금 꼭 안아줄 것〉이라는 책까지 출판하게 되었다. 예의치 않게 유명인사가 되면서 인터뷰 요청이 쇄도하기 시작했다. 그 때마다 들려주는 다음 세 이야기는 항상 똑같다. 죽음이 생각보다 가까이 있다는 것, 죽음은 모든 사람에게 공평하게 벌어지는 일이라는 것, 그러니 지금 사랑하는 사람을 꼭 안아주라 것이었다.

유명한 철학자 아내들은 악처였다는 말처럼 아내 죽음은 그로 하여금 심리학에 관심을 갖게 했고 이미 인생에서 가장 중요한 주제라 할 수 있는 죽음에 대한 특별한 경험들은 철학자가 되고도 남게 만들었다. 다람쥐 쳇바퀴 돌듯이 강물이 하염없이 바다를 향해 흘러가듯 인간도 태어나자마자 죽음이라는 정점을 향해 나아간다. 죽음이 삶의 마지막 형태라 할 수 있는 것은 한 인생의 모든 것은 죽음을 통해 나타나기에 죽음과 삶은 동전의 양면과 같은 진리이다.

그럼에도 많은 사람들은 죽음을 두려워하거나 무시하며 살아가고 있다. 인간이 죽음을 벗어 날 수 없다면 좀 더 적극적인 자세로 죽음을 맞이하는 것이 낫지 않겠는가. 아무런 대비책 없이 죽음을 맞이하는 것 보다는 마지막 그 날을 당당하게 맞이할 수 있도록 웰다잉에 대한 분명한 의식 속에 하루하루를 살아간다면 살아있을 때도 물론이요, 죽음 이후에도 얼마나 많은 좋은 열매가 있겠는가.

"그에게 죽음이 다가 온 것이 아니라, 그가 죽음을 성취한 것이다." 스티븐 잡스 장례식 날 여동생은 추도사에서 오빠를 이렇게 평했다. 스티븐 잡스 본인도 "죽게 된다는 생각이 인생에서 중요한 선택을 할 때마다 큰 도움이 된다"라고 말할 수 있었던 것은 사람들의 기대, 자존심, 실패에 대한 두려움 등 거의 모든 것들이 죽음 앞에서 무의미해지고 정말로 중요한 것만 남기 때문이다. 이런 삶의 자세로 인해 동생은 오빠가 죽음을 성취했다라고 감히 말할 수 있었다.

인간이 동물과 다른 점은 끊임없는 욕망을 갖고 한평생 자신만의 공간을 만들어가며 안쓰러울 정도로 욕망을 표출하려고 하는 것이다. 죽음의 두려움, 죽음의 행로를 벗어 날 수 없음을 알면서도 죽음을 염두에 두고 죽음을 준비하는 오늘로 사는 사람과 죽음을 무시하고 죽음과 전혀 상관없이 오늘을 사는 사람, 이 두 종류의 사람으로 나누어지게 된다. 인생은 단 한 번의 여행이기에 하고 싶은 대로 사는 것이 아니라 잘 준비하여 마지막 여행에 차질이 없어야 하기에 신은 인간에게 이성을 주었다.

옛 현인들도 죽음이 눈앞에 와 있는 듯 하루하루를 살라고 했다. 어떤 이는 죽음을 '우리 어깨 위에 내려와 앉은 새'라고 표현했다. 인간은 좋은 죽음을 날마다 준비해야 할 사명을 갖고 태어났다. 마지막 여행을 준비하는 일은 거창한 일이 아니다.

이렇게 물어보면 된다. 아내와 마지막 하루를 보낼 수 있었다면 나는 과연 뭘 하고 있을까. 그는 아내를 먼저 보내고 시간의 소중함과 감사함을 뼈저리게 느꼈다. 인간은 누구라도 이별하는 숙명을 안고 태어났기에 지금 나와 대화를 나누는 눈앞의 어떤 사람도 어느 순간 아무 말 없이 차갑게 떠날 수 있는 상황에서 나는 오늘 무엇을 할 것인가.

만약 하루에 86,400원을 누가 내게 주면서 "하루 동안에 이 돈은 꼭 써야 한다"라고 말한다면 분명히 계획적으로 잘 쓸 것이다. 대신에 이 돈과 비할 수 없는 소중한 시간 86,400초를 하루 동안 사용하라고 허락한다면 과연 어떻게 사용할까. 내 인생에서 가장 소중한 선물인 시간이 주어짐에도 이상하게도 더 허둥대며 살기에 나이가 들수록 자꾸만 초조해져만 간다. 뭘 더 기다린단 말인가.

그가 말하는 인생에서 가장 중요한 삶의 의미는 다름 아닌 사랑하는 사람을 지금 꼭 안아주는 시간임을 깨닫고 함께 보낼 시간을 많이 만드는 일이었다. "삶의 소중한 것은 끝이 있다"라는 카프카의 말대로 죽음은 삶과 아주 가까이 있다. 바쁜 일 때문에 어리석게도 중요하고 소중한 일들을 놓쳐서는 안 된다. 지금 삶을 감사하자. 지금 "사랑한다"라고 말하자. 지금 사랑하는 이들을 안아주자.

후회하는 인생

김홍신 작가는 돈, 명예, 권력을 다 가져봤기에 성공한 인생이라 할 수 있음에도 마음은 늘 괴롭고 불안정하다고 등단 40주년 기념 인터뷰에서 토로했었다. 남들은 "당신 부러울 게 어디 있나? 그 이정도면 됐지!"라고 하는데 그는 지금도 밤마다 참회기도를 드린다고 했다. 기자에게 갑자기 종이 하나를 끌어당기더니 참회라고 썼다.

'참'(懺)이란 태어나면서 지금까지 잘못한 일을 뉘우치는 것이고 '회'(悔)란 지금부터 죽는 순간까지 지을 허물을 뉘우치는 것이다. 인생은 죽을 때까지 참회해야 마음이 맑아지고 편해지더라고 했다. 구래공의 육회명(六悔銘)엔 효도, 가족 돌봄, 배움, 말, 돈, 건강 등을 후회거리로 뽑았지만 요즘에는 '공부 좀 할 걸', '말 좀 잘 들을 걸', '돈 좀 잘 모을 걸'들이 랭킹에 들어가 있다. 배우자나 부모가 죽은 뒤에는 잘해 준 것은 하나도 생각나지 않고 못 해 준 것만 생각난다고 했다. 결국 그 과정은 누구라도 피할 수 없는 모양이다. 내 자신도 후회를 얼마나 많이 하는지 후회에 관한 글만 네 편을 썼다.

인간은 완전하지 않기에 처음부터 후회하지 않는 삶이란 불가능하다. 나이 들수록 돈, 건강, 시간, 자녀들을 생각하며 주저했기에 후회는 더욱 늘어만 간다. 매사 망설이고 있다는 것은 아직도 사람의 눈을 의식하므로 생겨난 주저함들이다. 그것보다는 마음의 준비, 곧 일에 대한 확신이 서질 않아 핑계를 대면서 정말 하고 싶은 일을 못한다. 아울러 인생의 소중한 때를 놓치고 있는 자신을 돌아보며 한숨 내쉴 때 평생 남의 일처럼 느껴졌던 죽음을 생각해 본다.

그러면서도 자기 나름대로 최선의 선택을 하며 살아가고 있다고 생각한다. 하지만 10년 뒤 아니 노후에 후회하지 않을 자신이 있는지 되물을 때 자신 있게 답할 사람이 있을까. 봄날 새순처럼 금방 지는 인생이 후회라는 과정을 통과 할 수 없다면 차라리 더 긍정적인 자세로 덜 후회하며 사람답게 살아보자고 다짐해본다.

이전보다 경제성장은 했는데 사람답게 살기는 더 어려운 이유는 무엇일까. 인간은 본시 경제적 문제보다는 사랑하며 사는 존재임을 기억하고 여기서부터 풀어야만 사람답게 사는 것이 가능하지 않겠는가. 현대인은 겉은 행복해도 실상 자기만의 가시로 일상의 철장 안에서 고독한 삶을 살고 있다. 의식주보다 먼저 자신에겐 긍휼로 용서를 받아야 할 자임을 알고 '네 탓' 대신에 '내 탓'으로 살아야만 한다. 이웃이 있고 그들과 삶을 나누며 사랑을 노래해야만 사람답게 사는 것이 무엇인지 스스로 인지할 수 있을 것이다.

사람이 모이는 모든 곳에 이러한 사랑이 바탕을 이루어야만 자연스럽게 정의가 드러난다. 이웃과 사랑을 양식 삼아야 덜 후회하고 공허한 생 대신에 사람들에게 힘을 실어주는 진정 사람다운 삶을 살게 한다. 사랑이 있고 정의가 있다면 세상에 주저할 일이 있겠는가. 마크 트웨인은 한 번 뿐인 인생 정말 내가 하고 싶은 일을 하라고 권면했다.

사람들이 후회하는 것은 실패한 일이 많아서가 아니다. 그 실패가 두려워 생각했던 일들을 시작도 안 했거나, 해 본 일중에 실패했을 때 상처로 인한 트라우마가 생겨 아예 포기했던 일을 나이가 들수록 더 후회하게 된다. 진실로 내가 꼭 하고 싶은 것이 무언인지를 알았다면 다른 의미론 내가 얼마나 오랫동안 할지는 모르겠지만 적어도 지금 상황에선 그 일에 에너지를 다 바칠 각오가 되어있다면 시작해야 한다. 생각을 정리한 후 외적인 환경을 이겨내고 무엇이든지 행동으로 옮기며 바쁘게 살아가야만 나중에 후회하지 않을 것이다.

분명 내가 하고 싶은 일을 함에도 부족을 느끼면 자기계발의 기회로 알고 더 큰 것을 바라보며 멈추지 않는다면 기필코 시간이 지날수록 새로운 세상이 보여지면서 후회는 저녁이 있는 안식으로 바뀌게 된다. 모리야 히로시는 후회 없는 인생 이모작을 위해 아무리 쓰러질지라도 방황하지 말라고 했다. 큰 뜻이 아니더라도 최소한 내 인생의 목표를 정했다면 생각지 않는 암초나 생각처럼 성장하지 않는 미션일지라도 보여 지는 결과보다는 과정 자체가 더 큰 의미가 있기에 오늘 심으라는 것이다. 현실 앞에 주눅 들지 말고 뜻을 품었다면 인내하며 농부의 심정으로 내일을 바라본다면 반드시 웃으며 심은 것을 거둘 때가 오기 때문이다.

하지만 여기에 버리지 않으면 얻을 수 없다는 중요한 원리가 있다. 인생은 원래부터 정답이 없다. 일이 생기면 매사 원인을 찾으며 토 달지 말고 아프면 아픈 대로, 억울하면 억울한 대로, 손해보면 손해 보는 대로 '그럴 수도 있지'하며 '쿨'(cool)하게 뒤돌아보지 않고 가야 한다. 필요 이상 감정 소비를 하지 않으면, 버리고 비우면 인생은 또 채워지게 됨을 체험하게 된다. 내겐 원래 아무것도 없었기에 버린다는 표현도 무리수다. 그냥 웃고 엎드리면 한 번뿐인 내 인생이 좀 더 사람답게 살고, 사람답게 죽을 수 있기에 김홍신은 참회하는 마음으로 살지 않을까 싶다. 그래야만 각자에게 '나'다운 행복한 인생이 허락되기에...

나이가 들면

어느 날 지인이 카톡으로 작가 미상의 〈나이가 들면〉이라는 시(詩)를 보내줬다. 나이가 들면 아는 게 많아지는 것이 아니라 알고 싶은 것이 많아진다. 나이가 들면 모든 것을 이해할 줄 알았는데 이해하려 애써야 할 것이 많아진다. 나이가 들면 그냥 어른이 되는 것이 아니라, 어른으로 보이기 위해 더 긴장해야하고, 더 많이 공부해야 하고, 젊을 때보다 더 많이 애써야 한다는 내용이었다.

결국 나이가 들면 편해지는 것이 아니라, 더 힘써야 할 일이 많아진다는 것에 의아해 하면서도 감사한 일로 여겨졌다. 제사 지낼 때 축문에 등장하는 직함이 바로 '학생부군'(學生府君)이다. '학생'이라는 말은 벼슬에 급제하지 못한 사람을 지칭하거나 깨우침을 위해 평생을 노력한 선비라는 의미로 사용되었다.

물론 당시에는 '학생'이라는 직함만 얻어도 면세대상이요, 그 외 많은 특혜가 있었다. 그것과는 상관없이 이 땅에 태어나 짧은 생을 사는 동안 보람을 느끼게 하는 것이 무엇일까 생각해 볼 때

'학생'이란 단어를 그냥 유추해 봐도 알 수 있다. 인생의 깨우침을 위해 한평생 배움의 길을 놓지 않고 애쓰는 모습이 아니겠는가.

나는 얼마 전에 교직을 내려놓고 33살에 수사가 된 어느 수도 신부를 소개하는 글을 읽었다. 수도회에 들어가려면 '정주'(수도원에서 평생을 생활), '정진'(수도승다운 생활), '순명'(하나님과 이웃에게 순종)이라는 세 가지 서원을 한다. 그들은 새벽에 일어나 잠자리에 들 때까지 기도와 노동을 평생 반복하다가 생을 마친다. 이러한 삶이 얼마나 지루하고 재미없겠는가. 하지만 그 수사는 1,200여 그루 배밭 농사를 통해 끊임없이 삶의 한계를 깨달게 하는 '겸손'을 배웠고, 온갖 소유에 얽매이지 않고 자유로워지는 '이탈'의 진리를 수련했다고 한다.

행복은 이렇듯 쌓아가는 것이 아니라 삶의 군더더기가 무언지를 알고 날마다 털어버리는 모습에서 가능하다는 것이다. 그는 65년 수도원 생활을 통해 터득한 깨달음이 있었기에 전 재산이라고는 낡은 라디오 하나였음에도 자신은 행복한 삶을 살 수 있었다고 고백했다. 100세 시대 속에 장수(長壽)란 복이 아니라 짐으로 여기는 요즘에 그 수도사는 삶을 왜 그리도 단순화시켜야 하는지, 왜 겸손과 이탈의 훈련이 나이 들면서 얼마나 중요한지를 우리에게 가르쳐 준 셈이다.

어느 순간부터 식사량도 줄어들고 잠도 설칠 때가 많다. 또 옆에서 누가 죽었다는 말을 들으면 더 이상 남의 일 같지 않음을 통해 나이 듦을 절감하게 된다. 아무리 나이 들어도 변할 것 같지 않았던 나도 이렇게 바뀌지고 있다. 이러한 것들을 통해 마지막 순간을 어찌 생각해 보지 않겠는가.

이제 '똑똑하다'는 소리보단 '지혜롭다'는 말이 더 중요하다는 것을 알았고 '넌 할 수 있어!'대신에 '추해지지 말자!'는 말에 더 동감이 가고, 그렇게 살아 보려고 애를 쓴다. 화가 나면 반사적으로 질러대던 내가 이제는 그냥 지나칠 때가 많아지면서, 거울 속에 나타난 얼굴을 연민의 마음으로 쳐다보곤 한다.

창문 밖에 나무 잎이 가려있으면 하늘과 별을 볼 수 없다. 생의 욕망과 아쉬움의 잎사귀를 떨쳐 낸 겨울을 앞 둔 나무만이 하늘과 밤에 떠 있는 별을 볼 수 있다는 것을 저절로 알아가기 시작한 것이다. 인생이 뭐란 말인가. 결국 인생은 함께 가는 것이었는데도 아직도 내 편견이 자꾸만 이웃과 함께함을 멀어지게 하고 있다. 그래서 더 외롭게 살아가는지 모르겠다.

이 땅의 삶도 중요하지만 인생은 누가 뭐래도 끝이 좋아야 좋은 것이다. 지금부터 이 땅에서 이사 갈 준비를 해야 한다는 심연의 소리를 더 이상 외면할 수 없기에 저절로 겸손해 지는 모양이다.

시(詩) '나이가 들면'에서 나이가 들면 구체적으로 이사 갈 준비가 무엇인지 눈치 챘어야 한다. 나이 들어서는 젊을 땐 생각지도 못 했고 할 수도 없었던 일이 있다.

"짙은 향기보다 은은한 향기가, 폭포수보다는 잔잔한 호수가, 화통함보다는 그윽함이, 또렷함보다는 아련함이, 살가움보다는 무던함이…"

나이 들었다는 것은 이미 동해 같은 청년기도 지났고 남해 같은 중년기도 지났다는 것이다. 이젠 서해로 비유되는 노년기엔 삭히고 또 삭여야만 하는 것은 죽음 앞엔 폭포수나 또렷함보다는 그윽함이나 무던함이 훨씬 유리할 수밖에 없기 때문이다. 서해처럼 진정한 생명의 향기를 발해야만 죽음을 이길 수가 있다.

서해의 향기는 향수도 아니요, 힘도 아닌 약함에서 나온다. 젊을 땐 약함은 현실에 적응하지 못하고 극복되어야 할 모습으로만 여겼다. 서해에서 약함은 벗어날 것이 아니라 약함 자체가 내 본래 민낯이기에 죽을 때까지 약함은 오히려 나답게 살게 할 은총임을 알면서 조금씩 미소가 생겨난다. 진정으로 자신의 약함을 아는 자는 약자를 이해한다. 아니 약자의 편에 서서 도울 길을 찾으며 무엇보다도 긍휼을 구하는 사람이 되면서 죽은 뒤에도 무슨 말을 들을지 조금씩 답을 알아가면서 미백의 여유를 얻게 된다.

하루는 길고

젊은 사람들은 우리나라 1세대 철학자 김형석 교수를 잘 모른다. 우리 땐 〈영원과 사랑의 대화〉나 〈우리는 무엇을 말하는 가〉 등 그의 책을 안 읽어본 사람이 없을 정도로, 그의 인생론 수필을 읽으며 성장했다. 놀라운 일은 벌써 96세가 되었음에도 그는 지금까지 여전히 강연하고 다닌다. 은퇴하셨지만 그처럼 활동하시는 또 한 분이 더 있다. 바로 이어령 교수다. 그는 20대에 벌써 신문사 논설위원을 했고 30대에 교수를, 그리고 50대에 장관까지 했다. 그는 쓰는 책마다 베스트셀러가 되는 '언어의 마술사'이다. 어느 일간지에 몇 년 동안 연재했던 시와 우리말에 대한 그의 해박한 지식은 아직도 내게 큰 감동으로 남아 있다.

이 두 사람과 버금가는 또 한 사람으로, 김동길 교수가 있다. 나는 먼저 두 분을 통해 공통분모를 발견하며 내 자신도 그 나이가 되면 어떻게 될까를 생각해 봤다. 가장 먼저 드는 생각은 두 분 다 아직도 왕성하게 현역같이 활동하지만 그들에게도 고독은 피할 수 없는 뇌관이다. 김형석 교수는 사별한 지 11년 동안 혼자 지내면서 아침에 일어날 때마다 '나는 혼자구나'라는 생각이 든다고 한다. 이전엔 멀리 해외에 가면 며칠만 지나도 빨리 돌아갔으면 했었다. 이젠 혼자라 그런지 돌아가고픈 생각이 없어졌다고 한다. 심지어 같은 동네에 아들이 살고 있음에도 제 3자처럼 '너는 너고 나는 나로구나'로만 느껴진다고 하니 고독은 노 철학자에게도 피할 수 없는 요단강이다.

본인도 오래 전에 〈고독이라는 병〉이라는 수필집에서 '고독은 창조의 원천'이라고 말했다. 막상 나이 들고 보니 고독은 창조는커녕 생리적 외로움조차 감당하지 못한 채 하루하루 집 나간 엄마를 기다리는 아이처럼 길게만 느껴진다. 그 고독은 시간이 지날수록 이제 더더욱 죽음이라는 원초적 두려움으로 탈바꿈되었다. 인간은 결국 홀로 가야한다는 숙명 앞에서 그도 믿어 왔던 모든 것들이 서서히 무너져 내렸다. 그 때부터 깊이 생각하는 골치 아픈 일은 질색이고 미숙한 자처럼 기막힌 우연을 바라보며 인생의 계획도 멀리 내다보고 짤 수가 없어 뭐든지 단기적으로 1,2년 안에서만 이루어지고 있다고 한다.

그는 수없이 고민해봤다. 죽음 앞에서도 울지 않고 아니 죽음을 이기는 삶은 무엇일까. 답은 간단했다. 자신의 생명보다 더 귀한 것을 위해 산다면 나이가 든 연약한 인간이지만, 모든 철학자들의 고민이었고 모든 인간의 영원한 과제였던 죽음이라는 난제를 해결할 수 있다고 생각했다.

그렇다면 내 생명보다 더 귀한 것은 무엇일까? 죽음이 다가오는 나이가 되면서 그가 깨달은 진리는 자신과 소유를 위해 살았던 가치들은 다 없어지고 오로지 남을 위해 살았던 것만이 보람으로 남더라는 것이다. 사랑하는 이, 이웃, 사회라는 것이 이제야 새삼 이렇게 좋고 아름다운 축복이 됨을 알게 된 것이다.

물론 불가능한 일이지만 만약 자기 인생을 되돌릴 수만 있다면 젊은 시절이 아니라 60대로 돌아가고 싶은 이유는 의외로 너무 단순했다. 젊을 때는 생각이 얕기에 인생의 가치도 모르고 행복이 뭔지도 몰랐다. 60정도 되어보면 사랑하는 사람을 위해 고생하는 것, '사랑이 있는 고생'이 인생에서 가장 큰 행복이라는 것을 저절로 알게 된다는 지론이다.

젊었을 땐 앞만 보고 달리느라 이웃은커녕 사랑하는 사람조차 도무지 눈에 안 들어왔다. 이제 보니 그들을 통해 인생이 성숙할 기회가 되었고 그들 속에 내 영혼의 가치뿐 아니라, 내 인생의 행복지수가 매겨지고 있었음을 이제야 알게 된 것이다.

인생은 어차피 후회와 반성의 연속이기에 외로움도, 고독도 사랑스러워 어느 덧 내 등에 파고들어 꺼이꺼이 울며 밤을 보내다가 아침이 되면 또 새로운 소박한 꿈을 안고, 먹고, 만나고, 놀다가 흩어지면 끝인 것이 인생이다.

그러기에 그들에게 종교란 마지막 인생의 큰 성이 되었다. 김형석 교수는 한때 실존주의 철학에 심취해 있었다. 결국 회의에 빠진 뒤 도스토옙스키 책을 읽으면서 기독교로 돌아왔다. 이어령 교수도 원래 기독교에 대해 누구보다도 비판적 시각을 가지고 있었지만 딸의 시력상실과 회복 또 죽음을 통해 마음을 열게 되면서 지성에서 영성의 사람이 되었다.

최근 들어 지성인들이 만년에 종교를 받아들이는 것은 인간은 절대자가 필요할 수밖에 없는 존재임을 시사하고 있다. 그들 뿐 아니라 모두가 외로움과 고독 그리고 마지막 죽음의 문제를 스스로의 힘으로 감당할 수 없기에 신이 없다면 신을 만들어서라도 믿는다는 요청적 유신론까지 생겨난 것이다. 끝없는 인간의 한계와 무력감은 일치감치 자아의 바벨탑을 내려놓게 했다. 그것보다는 그들은 영혼의 본능에 대한 갈망을 무엇으로도 대신 할 수 없었기에 신을 의지했던 것이다.

밤하늘에 가장 빛나는 별은 북극성이 아니라 인공위성이라고 누군가가 말했다. 각자의 별은 시간의 영원성 앞에 북극성처럼 사라질 수밖에 없다. 하루는 길고 1년은 빨리 가는 지금, 자아의 인공위성이 필요하다. 그 별은 유용한 정보보다는 새벽까지 빛을 내려고 오늘도 설렘 속에서 나를 위하여 쏘아 보낸다.

알아서 간다고 전해라

'100세 인생' 노래 가사는 아주 단순하지만 의미는 크다. 죽음에 대한 원초적 두려움과 오래 살고 싶은 욕망을 담은 노래이다. 나잇대 별로 죽기 싫은 이유를 위트 있게 표현한 것이 사람들의 공감을 이끌어내고 있다. 이 노래는 1995년에 김종완 작곡자가 친구 아버지가 50대에 죽자 자식들이 우는 모습을 보고서 지었다고 한다. 20년이 지났음에도 실감나는 것은 바이오산업과 함께 100세 수명도 얼마든지 가능하기 때문이다.

하지만 100세 수명이 가능해 지면서 오래 사는 것이 축복인지 저주인지 고민하지 않을 수 없게 되었다. 늘어난 노후생활에 필요한 자금도 부족하고 50대부터 아프기 시작한 몸뚱이를 100세까지 지탱하기도 어렵다. 오래 사는 것보다 어떻게 살다가 죽는 것이 고상한 일일까를 생각해보지 않을 수 없게 되었다.

'100세 인생'이 원제목은 '저 세상이 부르면 이렇게 답하리'이다. 참 의미심장한 제목이다. 최소한 인간이라면 죽음이 날 부를 때 답할 것을 생각하며 살아가야 하지 않겠는가. 적어도 죽기 전에 수없이 절대자 앞에 설 것을 생각하며 하루하루 살아가야 언제 죽음이 날 부른다 해도 두려워하지 않고 담대하게 그 날을 맞이하지 않겠는가.

사람은 세 번의 일생을 산다고 한다. 먼저 엄마 뱃속에서 9달 동안 태생(胎生)으로의 삶과 이 땅에서 7-80년 동안의 일생(一生)의 삶이다. 이것으로 인생이 끝난다면 뭐가 두렵겠는가. 사람은 정신적인 존재로 끝나는 것이 아니라, 영적인 존재이기에 죽음 이후에 영생(永生)이 있다. 그러므로 이 땅에서 살 때 아무렇게나 살 수가 없다.

죽을 때 두 가지 인사만 있다. 다시 만날 수 있는 사람에게는 "See you again!" 다시 만날 수 없는 사람에게는 "Goodbye!"라고 마지막 인사를 할 수 밖에 없다. 며칠 전 지인의 가까운 친척이 생애 첫 국민연금을 받은 지 한 달 만에 암으로 죽었다고 한다. 그는 장례식장에 가서 인생이란 덧없고 부질없으며 허무한 것이라는 생각만 들었다. 나는 그 말을 들을 때 문득 '인생이 왜 덧없이 느껴질까?'라는 생각이 들었다.

사람들은 본능에 따라 '감각적 쾌락'을 좇아 살아가지만 만족한 사람이 없다. '윤리적 삶'을 살려고 하나, 이 또한 만족할 수 없는 것은 누구도 '죽음'에서 자유 할 수 없기 때문이다. 누구나 나이 들수록 삶 속에 죽음이 있고 죽음 속에 삶이 있음을 알게 된다. 죽음과 삶의 경계는 먼 곳이 아니라 가까이 있기에 잠에서 깨어날 때 이곳이 혹 딴 세상이 아닌가하고 두리번거리며 두려움에 떤다. 결국 죽음 앞에 홀로 서야함을 부인할 수 없기에 인생이 덧없이 느껴질 수밖에 없는 것이다.

모든 철학의 질문은 “인생은 어디에서 왔으며 어디로 가는가?”에 있다. 바이블은 이 물음에 대한 답을 인생은 “영원한 본향을 찾아가는 나그네”라고 말한다. 그러므로 짧은 생을 아쉬워하거나 슬퍼하기 보다는 그 시간에 영원한 본향을 대비하는 것이 지혜로운 삶이 아니겠는가. 삶의 지혜란 영원할 수 없는 것을 통해서 영원한 것을 얻고, 일시적 소유를 영원한 부로 바꾸고, 순간의 시간을 영원한 시간으로 전환하는 것이다. 이 땅을 떠나는 순간 가장 큰 절망이 아니라, 가장 큰 소망의 날이 되어야 한다는 것이다.

사람이 한 번 죽는 것은 정한 이치라 하지만 우리가 어떻게 죽느냐에 따라 청지기가 되어 칭찬을 받기도 하고 수전노가 되어 긍휼 없는 심판대 앞에 서기도 한다. 그러므로 성공적인 인생은 잘 사는 것이 아니라, 잘 죽기 위해 오늘을 사는 삶이다. 사실 단 한 번 죽음 앞에 선다는 일이 얼마나 두려운 일인가. 미래를 알 수 없기에 대다수 보험에 삶을 맡기듯 죽음에 자신 없기에 나름대로 종교를 갖고 신 앞에서 홀로 서는 연습을 하는 이유도 여기에 있다.

서양에서는 합리주의가 계몽주의 사고로 발현되면서 개인의 자율적 선택의지는 더 분명하게 신과의 관계를 세워나갔다. 동양에서 우주의 궁극적 실재를 초월적인 신으로 보지 않고 다만 사라지는 과정 속에서 보편적 일자(一者)로 보는 사상은 개인보다 관계를 더 중요하게 여긴다. 자신을 주체로 신 앞에 세우는 일이 그들보다 상대적으로 부족하기에 죽음을 준비하는 대신에 오히려 그것을 터부시 해 온 것이 죽음 앞에 큰 약점이다.

"왜 굳이 의미를 원하는가? 인생은 욕망이지 의미가 아니다"라는 채플린 말대로 의미 없이 오로지 욕망대로 살다가 죽음을 맞이하는 인생을 살고 싶은가. 의미 있는 삶이란 오늘 이 순간에 내일 그리고 마지막을 생각하며 살아감으로 자신의 인생을 뜻 깊게 보낼 뿐 아니라 남아있는 가족들에게도 큰 도움을 주는 것을 말한다.

우리가 살아가는 과정이 존엄하다면 기필코 죽는 과정도 존엄해야 하지 않겠는가. 인간답고 편안한 죽음은 살아있을 때부터 시작된다. 살기위해 죽는 것이 아니라 죽기 위해 살아야 한다. 잘 죽기 위해 잘 살아야 한다. 목표를 갖고 순리대로 용서하기 위해 살다가 정작 죽음이 찾아왔을 때 평소 하던 대로 예를 다하여 맞이하는 삶이 바로 잘 사는 길이다.

죽음 앞에 선 인간

방송에서 김제동이 얼마 전부터 사자 인형을 안고 자고 있다고 하자 게스트로 나온 교수는 죽지 않는 사자 인형보단 살아 있는 것을 키워보라고 조언했다. “내가 나를 소중히 여기는 이유가 뭔지 아시느냐. 죽기 때문이다. 우리가 왜 조화를 사랑하지 않고 벚꽃과 살아 있는 것을 좋아하느냐. 지기 때문이다”라고 말했다. 생화는 지기 때문에 사랑하고 사람은 죽기 때문에 사랑한다는 그의 말이 당연하면서도 새삼 오래 전에 읽었던 〈모든 인간은 죽는다〉가 되새겨졌다.

한 왕자가 불로장생약을 마신 후 죽지 않고 세상 모든 역사를 경험해보지만 그 사이에 사랑했던 여인과 자식까지 죽는 모습을 보게 된다. 그는 세상 모든 것을 다 가져도 함께 누릴 사람이 없음에 탄식하며 본인도 죽길 원하지만 죽을 수 없는 고통 속에 갇혀 산다. 그를 보면서 새삼 죽음도 축복임을 알게 되었다.

우리는 죽기 전까지 시간이라는 절대적인 것과 더불어 살아가는 수밖에 없다. 어느 누구도 죽음을 극복할 수 없고, 자신도 유한한 존재라는 것을 알 때부터 가치 있는 내일을 기대할 수 있게 된다. 다윗은 유한함을 알 수 있는 지혜를 달라고 기도했다. 죽음이란 항상 생각하는 것보다 일찍 찾아온다. 또한 처음 겪어보는 일이라 세상 모든 협박의 근원이 되기도 한다. 아이든, 노인이든 죽음 앞에선 노예보다 더 잘 복종하는 마법 같은 능력을 갖고 있다.

우린 시간의 유한함을 모르면서 죽을 때 후회 하지 않고 절대자 앞에 두려움 없이 설 수 있을까. 그 질문은 "나는 지금 행복한 삶을 살고 있는가?" 라고 묻는 것과 같다. 하나를 보면 열을 안다고 다른 이와 관계를 보면 행복이 보이고 죽음 이후의 길이 보인다. 어떤 여행자가 어느 날 아주 좋은 향기가 나는 흙을 발견하고선 스스로에게 물었다. "아니 흙에서 어쩜 이리 좋은 향기가 날 수 있단 말인가." 그 때 그 흙덩이가 대답했다. "나는 장미꽃과 함께 있었기 때문입니다."

인생은 만남이다. 지금 누구와 함께 하느냐가 향수와 악취를 결정한다. 행복은 만남에서 온다. 누굴 만나느냐에 따라 우리는 행복할 수도 있고 불행할 수도 있다. 그 비밀은 소금처럼 빛처럼 살라는 산상수훈에 나와 있다. 세상에서 소금의 소중함과 빛의 필요성을 무엇으로 설명할 수 있겠는가. 아이를 보호하는 어머니의 양수는 짠물이다. 형태가 사라지면서 짠 맛을 내며 세상을 보호하고 필요한 영양분을 만들어 주기에 소금과 빛처럼 필요한 존재로 살아간다면 죽음은 두렵지 않을 것이다.

인간은 늘 두려움 속에서 살아간다. 그런데 그 모든 두려움의 근원은 죽음이다. 죽음은 사채업자처럼 온갖 핑계거리를 갖다 주면서 크고 작은 불안과 두려움을 주며 영원한 족쇄가 되어 인간을 괴롭히고 있다. 비록 소금과 빛으로 살아가도 두려움을 근본적으로 해결하지 않는다면 우리는 언제나 죽음의 노예가 되어 굴욕적인 삶을 살다가 죽음을 맞이할 것이다.

샌프란시스코에서 금문교를 건설할 때 외국인 노동자들이 날마다 사고로 죽어가자 노동자들은 작업을 거부했다. 그러자 시공회사는 다리 밑에 철 그물을 쳐놓았다. 놀랍게도 그 일 이후엔 단 한 건의 사고도 발생하지 않았다. 나중에야 알게 된 사실은 사고는 다른 것이 아니라, 두려운 마음이 가장 큰 요인이었다. 인간은 이토록 연약한 존재이다. 두려움 앞에 속수무책이다.

그 두려움을 어떻게 극복할 수 있을까. 사람마다 대처 방법이 다르겠지만 분명한 것은 만남에 있다. 인생의 온갖 풍파 속에서도 자신과 동행하고 있다는 송백나무 같은 인생의 깊은 뿌리가 있어야 흔들리지 않고 담담하게 마지막 그 날을 대비하며 여유를 갖고 자유하며 살아갈 수 있다.

만약 인생의 든든한 뿌리가 있다면 하루를 살아도 감사한 마음으로 살아갈 수 있다. 죽음을 앞둔 사람에게 욕심이 무엇이며 원망이 무슨 소용이 있겠는가. 하루하루 참되며 진지하게 살아가야 죽음 앞에 선 인생이지만 가치 있는 생이 될 수 있다.

그럼에도 어리석은 인간은 불합리한 세상에서 원망하며 살아간다. 이상하게도 함께 하고 싶은 사람은 빨리 가고 반대 부류는 큰소리치며 온갖 부귀를 누리기도 한다. 그러나 모든 것이 불공평 하다해도 한 평생 불평만 늘어놓다가 죽음을 맞이한다면 그것은 더욱 불합리한 일이 아니겠는가.

현진의 〈삶은 어차피 불편한 것이다〉를 보면, "뿔이 있는 소는 날카로운 이빨이 없고, 날카로운 이빨이 있는 호랑이는 뿔이 없고, 날개 달린 새는 다리가 두 개뿐이며, 날 수 없는 고양이는 다리가 네 개다. 예쁜 꽃은 열매가 변변찮고, 열매가 귀한 것은 꽃이 별로다"라고 했다. 세상은 공평하다. 장점이 함께 단점은 다 있다. 이것이 세상이다. 고로 불평하면 자신만 손해만 볼 뿐 세상은 바뀌지 않는다.

뭔가가 부족하면 생활은 조금 불편할지 모르나 진정으로 우리에게 행복을 가져다준다. 행복은 감사라는 삶의 태도에 있음을 수없이 경험한다. 지혜로운 사람은 행복은 감사의 마음에서 오는 것이지, 외적인 환경에서 오는 것이 아님을 알고 매순간마다 감사의 조건을 찾으며 살아간다. 감사 속에 일하며 사명을 감당할 때 인생의 수많은 사랑의 열매가 죽음을 이기게 한다.

파스칼의 내기

어느 방송 다큐 〈파스칼의 내기〉에서 “21세기 최첨단과학 시대는 달나라까지 가게 했지만 신을 확인 할 수 없었다. 그럼에도 인간은 여전히 신을 믿고 종교는 오히려 더 번창해왔다는 것이 불가사의한 일이다”라고 하면서 사례 하나를 소개했다. 인도 북부 고산에서 600년 된 미라를 하나 발견했는데 놀랍게도 머리카락과 치아가 그대로 남아 있었다는 것이다. 인간은 기도와 명상을 통해 몸을 변화시킬 수 있을까하는 의문 속에 〈파스칼의 내기〉를 인용하면서 신의 존재를 넘어 신의 필요성에 대해 생각하게 하는 프로그램이었다.

〈파스칼의 내기〉란 가정을 통해 신의 존재 유무가 가져다주는 문제를 생각해 보자는 것이다. 먼저 하나님이 존재하지 않는 것으로 생각하고 사는 사람은 실제로 신이 존재하지 않아도 잃을 것이 없지만 만약 존재한다면 그는 모든 것을 잃게 된다. 반대로 신이 존재하실 것으로 믿고 살아가는 사람들은 하나님이 존재하든 안 하든 잃을 것이 없다. 실제로 존재 한다면 그가 믿어왔던 모든 것을 얻을 수 있다는 것이 〈파스칼의 내기〉의 핵심이다.

학생이 시험을 준비했는데 시험보지 않으면 손해 볼 일이 없는 것은 시험과 상관없이 공부하면 실력이 쌓여가 어떤 시험이든 담대하게 볼 수 있기 때문이다. 인생의 마지막 시험은 무엇일까. 아마도 구원의 문제가 아닐까라고 여기는 것은 모든 예술의 주제들이 궁극적으로 구원을 다루고 있다는 사실 앞에 생각은 더 단순해진다.

구원의 문제는 이미 성직자만의 전유물이 아니다. 많은 문학가들의 메시지는 구원을 가르치고 있다. 도스토옙스키의 〈죄와 벌〉, 괴테의 〈파우스트〉, 존 스타인벡의 〈분노는 포도처럼〉 등은 인간의 구원에 관한 대표적인 소설이다.

수많은 동화나 노래 그리고 영화까지도 구원이라는 영역을 넘나드는 것은 인간은 종교 유무를 떠나서 스스로 탐욕적이고 한계적인 존재임을 알고 있기에 그렇다. 평생 고민하며 번뇌하며 참회하려는 본능적 욕구가 있기에 예술이든, 종교든, 교육이든 모든 영역에서 사람들은 구원을 추구해 오며 살아왔던 것이다.

좋은 의미에서 인간에게 싸움이란 자기 안의 악을 선으로 바꾸려는 의지의 결단이라 할 수 있다. 우리 안의 가장 큰 적은 돈도, 암도 아닌 탐욕이다. 탐욕이란 내 생각대로 살아가려는 본능적 자세이다. 처음에 탐욕은 천연적인 상태였다. 시간이 지날수록 신을 전혀 의식하지 않고 자기 판단대로 관계를 해석하며 살아간다. 하지만 스스로 세상을 구원할 것 같은 자신이 신의 자리에 들어서게 된다는 것이 얼마나 큰 문제라는 것을 종국에 가서야 알게 된다.

탐욕은 이토록 무서운 파멸을 가져오기에 탐욕을 버리는 것을 해탈이라고 했다. 또 신의 마음이 임했다고 했던 것이다. 신의 마음은 탐욕을 버린 가난한 마음이기에 팔복의 하나로 여겼던 것이다. 그렇다면 구원은 어떻게 얻을 수 있을까.

데카르트는 이성을 통해 가능하다고 했다. 세상은 완벽한 합리성으로 구성되었기에 관념적인 확실성 속에, '왜'라는 질문 속에 진리를 알게 되고 구원의 길에 이르게 된다고 했다. 신의 은총이 아니더라고 이성의 진리를 찾고 행동할 때 구원 받을 수 있다는 논리는 당시로서는 충격적인 주장일 수밖에 없었다.

이에 반하여 파스칼은 그 답으로 신을 제시했다. 지식은 불확실하며 확실치 않음은 세상에는 온갖 모순과 불합리한 조건들이 가득 차 있기 때문이다. 참과 거짓을 판단한다는 자체가 불가능한 인간 자신도 삶의 일부분에 불과한데 진리의 본질을 어찌 수학적인 방법인 연역과 논증을 통하여 알 수 있다고 하겠는가.

그렇다면 구원은 무엇인가. 〈레미제라블〉 영화에서는 구원은 사랑이라는 메시지를 전한다. 삶이 아무리 고단하고 부당해도 사랑은 인생의 모든 것을 극복하게 하고 내일을 꿈꾸며, 내일을 기다린다는 교훈을 준다. 빵 하나 훔친 죄로 평생 전과자로 살아가는 그에게 인간답게 대해준 주교의 사랑에 감화되어 새 삶을 살기로 결심한 장발장은 마리우스를 구하고 자베르 경감마저 새 사람이 되게 했다. 〈라보엠〉에서 미미는 죽는 순간에까지 로돌포를 보기 위해 방을 찾아와 그의 품 안을 그리워하며 눈을 감았다. 이것은 인간은 사랑 없이는 살 수 없다는 결론과 같은 장면이었다.

인간은 허물투성이다. 이런 인간에게 구원의 조건을 내걸어도 이룰 자가 없기에 조건 없는 사랑이 구원을 얻게 한다. 사랑으로 구원받은 인간은 비로써 사랑이 인생의 가장 큰 에너지임을 알면서 사랑으로 낙원을 만들어 간다.

이제 모든 일의 근거는 사랑에 있다. 사랑하기에 기쁨으로 규율을 지키며 모든 일들을 좋은 뜻으로 해석하고 담대함으로 내일을 준비한다. 〈데미안〉은 참된 자아를 찾기 위해 기존 세계를 결별하는 데에서 시작했다. 구원을 찾은 자는 자신과 세상이라는 알을 깨므로 편견과 틀에서 벗어나 하늘로 나는 새가 되어 영혼의 자유를 누리며 살아가게 된다. 구원 얻은 자의 꿈은 이제 비어있고 순수한 하늘에 있기에 오늘과 소통하고 내일을 기다리는 자가 된다.

셀프 셀프 하더니

이전에 많이 써먹었던 ‘셀프PR’은 이제 식상할 정도가 되었다. 지금은 ‘셀프 디스’까지 시대에 맞춰 셀프가 계속 진화하여 셀프 결혼, 셀프 전원주택, 셀프 공천 등등 온통 셀프 천지가 되었다. 그 중에서도 가장 충격적인 셀프는 죽은 뒤에 장례를 자식들에게 맡기지 않고 본인이 직접 결정하는 ‘셀프 장례’가 압권이다.

이것은 일본이 시초였는데 어느 덧 우리나라에서도 상조회사에 문의하여 ‘장례계획서’를 작성한다는 뉴스가 나왔다. 나는 순간 고령화 시대 속에 ‘셀프 장례’라는 고독한 풍경은 마지막 길을 더 외롭게 만드는 것 같아 한숨이 나왔다.

실제로 어느 분은 혼자 ‘장례계획서’를 작성한 후 자신의 뜻을 알리자, 가족들도 이해하고 기꺼이 동의해 주었다. 드디어 아버지가 암으로 돌아가시자 장남은 상조회사에 찾아가 장례계획서 대로 빈소도 없이 이틀 만에 화장 후 간소하게 장례를 마쳤다.

왜 갑자기 셀프 장례가 늘어가고 있을까. 그들은 고비용 장례에 대한 반감작용으로 자식들에게 부담을 주기 싫어서 간소하게 장례를 치르길 원하는 것도 이유가 될 것이다. 더욱 근본적인 이유는 가족 간의 유대가 약해져 독거노인이 많아지면서 고독사에 대한 두려움이 셀프 장례를 긍정적으로 생각하게 하는 것 같다. 현실적인 여러 이유로 본인들만 셀프 장례를 고집해도 어느 정도 한계가 있겠지만 문제는 지자체에서도 셀프 장례를 적극 지원하기에 더욱 확산될 수밖에 없을 것 같다.

광주시 어느 노인종합복지관에서는 3년 전부터 먼저 독거노인 중 희망자에게 '장례계획서'와 흡사한 '장수노트'를 작성하게 한다. 곧 죽으면 꼭 초대하고 싶은 사람과 장례 방식 그리고 수의와 영정을 보관해 놓은 위치 등이 적혀있다. 놀라운 일은 처음 80명으로 시작했는데 벌써 800명 회원으로 늘어났다고 한다. 그들에게 남은 일이란 죽는 일밖에 없기에 장례 프로그램에 참여하므로 구체적으로 마지막 길을 스스로 준비하고픈 마음이 크기 때문이 아닐까 싶다.

생각해 보라. 부부 중 먼저 죽으면 남은 사람이 장례를 주관해 줘도 혼자 남으면 자식이 해줘야 한다. 요즘엔 자식만 바라 볼 수 없기에 차라리 죽기 전 의식이 있을 때 깨끗하게 본인이 장례계획서를 만들어 놓으면 누가 먼저 가든 계획된 시나리오대로 진행하면 된다. 그것은 자식들 신경 쓰지 않게 하면서도 본인 장례에 대한 두려움을 벗지 않겠는가. 최소한 남에게 피해를 주지 않으려 자신의 죽음을 미리 준비해야 한다는 것이 노후 계획 중 분명하게 나와 있어야 한다. 어느 때 부르더라도 주저하지 않고, 아니 겁내지 않고 죽음의 천사를 따라 갈 수 있지 않겠는가.

인생은 이제 보니 모으는 것이 아니라 버리는 데 신의 한 수가 있다. 이 진리를 모르고 아직도 쌓기만 한다면 그는 분명 죽음에 무지한 사람이다. 모으는 것이 인생이 아닌데 모으려고만 하니 인생은 우울해 진다. 이 땅은 본향이 아닌데 자꾸만 이 곳에 집을 짓고 마음을 주니 우울해 질 수밖에 없다. 지금 자신이 살아 있다고 여기는 모든 시간과 공간들은 다 죽음으로 가기 위한 과정일 뿐이라는 것을 진실로 깨달아야만 남은 생이 행복해 질 수 있다.

웰빙을 말한지 20년이 넘었다. 좋은 환경 속에서 좋은 음식을 먹는 일에 초점을 맞추어 몸은 호사할지 모르나 마음은 더욱 피폐해져 간다. 사람은 정신을 넘어선 영혼이 있는 존재이기에 그렇다. 잘 살기 위한 삶이 아니라 잘 죽기 위한 삶이 되어갈 때 몸은 부대껴도 마음과 영은 푸른 하늘을 바라보듯 내일은 한없이 푸르기만 하기에 죽음이 두렵지 않게 된다.

죽음이라는 녀석과 처음이자 마지막으로 대면할 때 두렵지 않기 위해 한 평생 죽는 연습 하는 것이 인생이다. 셀프 장례는 죽은 뒤 장례문제가 아니다. 죽음이 찾아와도 당당하게 맞이하도록 미리 계획을 세워서 남은 생애동안 연습하는 것이 진정한 셀프 장례이기에 웰빙을 '웰다잉'이라 말하는 것이다.

나는 몇 년 전 〈신음소리〉라는 무대를 잊을 수가 없다. 4인조 밴드 리더는 3년 전에 이미 폐암을 선고받고 뼈까지 전이된 상태에서 콘서트를 연다고 하니 모두가 놀랄 수밖에 없었다. 그가 처음 암 선고 받았을 때 욥처럼 주변인들이 위로보단 분석하려 들자, 더 견디기 어려웠다.

시간이 지나며 깨달은 것은 건강할 때나 지금이나 그의 사랑은 변함없기에 마지막 부르는 그 순간까지 할 일을 하자라는 마음으로 바꿨다. 공동체도 만들고 콘서트도 열고 나름대로 최선을 다하다가 그는 드디어 하늘의 부름을 받았다.

죽음을 소풍으로 비유하는 것은 소풍은 아무리 재미있어도 해가 지기 전에 반드시 자기 집으로 돌아가야 한다. 인생도 해가 지면 가족들을 놔둔 채 하늘 본향으로 돌아가는 것이 순리다. 이러한 소풍의 진정한 의미를 안다면 오늘 할 일을 내일로 미루지 말고 항상 5분 대기조로 살아가야 한다. 누가 소풍가서 스트레스 받는가. 그냥 즐기면 된다. 지금 이 순간에 웃고 함께 섬기고 지금 용납해야 하는 것은 하늘의 부름 받은 지인들처럼 나의 부름도 더 가까이 오기에 그렇다.

초판 1쇄 _ **2018년 6월 27일**
지은이 _ 한억만
펴낸이 _ 김현태
디자인 _ 디자인 창 (디자이너 장창호)
펴낸곳 _ 따스한 이야기
등록 _ No. 305-2011-000035
전화 _ 070-8699-8765
팩스 _ 02- 6020-8765
이메일 _ jhyuntae512@hanmail.net

따스한 이야기 페이스북
https://www.facebook.com/touchingstorypublisher

따스한 이야기는 출판을 원하는 분들의 좋은 원고를 기다리고 있습니다.

가격 12,000원